基于本体建模的微博信息管理机理研究

崔金栋　孙遥遥　王欣媛　著

教育部人文社会科学研究规划基金项目（基于微本体架构的微博信息管理机理研究（14YJA870001））、吉林省社会科学基金重点项目（吉林省微博信息生态分析与管理机制研究（2016A20））研究成果之一

科学出版社

北　京

内 容 简 介

微博凭借实时性和便捷性成为重要的网络应用，其聚集的大量用户和相对自由的言论信息使之成为把握社会脉搏的重要工具。在引入篇，本书从分析微博研究的理论价值和现实意义入手，通过分析关于微博信息管理的研究现状，发现微博现有研究的不足和缺陷，即语义性差、难以管控等。随着语义网技术的进步，本体技术的应用逐渐成熟，语义本体的研究和应用被提上日程。在高级篇，本书把复杂的本体架构简化后，利用自动构建技术在语义网中予以实现，并在此基础上提出语义网中本体匹配的相关算法和模型，为微博在语义网中的应用埋下技术伏笔。在应用篇，本书从微型本体架构入手，提出通过微型本体提升语义性，从而在微博信息组织和传播阶段提升微博信息管理的可控性和有效性。

本书为微博信息管理方面的专业书籍，专业性较强，可供信息管理、情报学和计算机相关领域的研究者阅读和参考。

图书在版编目 (CIP) 数据

基于本体建模的微博信息管理机理研究/崔金栋，孙遥遥，王欣媛著. —北京：科学出版社，2017.10
ISBN 978-7-03-053522-1

Ⅰ.①基… Ⅱ.①崔… ②孙… ③王… Ⅲ.①博客－信息管理－研究 Ⅳ.①G255.76

中国版本图书馆 CIP 数据核字 (2017) 第 139213 号

责任编辑：王 哲 董素芹 / 责任校对：桂伟利
责任印制：张 倩 / 封面设计：迷底书装

科学出版社 出版
北京东黄城根北街 16 号
邮政编码：100717
http://www.sciencep.com

新科印刷有限公司 印刷
科学出版社发行 各地新华书店经销
*
2017 年 10 月第 一 版 开本：720×1 000 1/16
2017 年 10 月第一次印刷 印张：9 1/2
字数：210 000
定价：**58.00 元**
(如有印装质量问题，我社负责调换)

序

应金栋之约写序，欣喜之余甚慰。小友近年来发表 CSSIC、EI 论文几十篇，承担基金项目十余项，获得国家自然科学和国家社会科学的奖励也很多，但是唯独缺部专著，现已补上，甚慰。

该书主要解决现有微博信息管理中的技术问题。从本体建模的思想出发，利用本体建模思想对微博信息的组织和传播进行规范，有效地提高了微博信息描述问题的规范性，同时利用 Folksonomy 和本体技术构造的微本体来组织微博信息，实现微博信息传播中的可检测和可控性，为微博信息管理在技术层面上提供了具体的实现方法，同时结合用户层面的管理提出基于本体的微博信息用户推荐机制。

该书的主要研究内容和创新点包括以下三个方面。首先，以形式概念分析和本体来规范微博信息组织。在形式概念分析的背景下构建一种基于 Folksonomy 的类似本体的结构——微本体，这种结构化的信息形式既可以结合 Folksonomy 的优点，让所有用户参与到本体构建中，降低微博信息本体的构建成本和复杂度；又可以拥有本体的优点，形成结构化的、无歧义的、易控制的信息组织结构，便于信息的管理和传播。其次，以系统学和本体来规范微博信息传播；以系统的视角，即以系统稳定性、系统临界行为、系统可控性来研究微博信息的传播；从信息建模的角度，通过对微博信息抽取而成的微博信息传播本体的监测从而达到微博信息传播预警的目的。最后，以本体技术来约束微博信息的用户推荐。在构建用户推荐本体的基础上，利用改进的 LDA 模型进行主题推荐，有效地避免了现有推荐机制缺乏语义性的缺点，提高了推荐精度。

该书的理论价值主要在于对微博的信息组织架构、传播模式和影响力形成机理进行研究，利用微本体技术改善微博信息资源的组织方式，寻找利于微博管理的最合适的信息架构，分析微博产生裂变式传播能量和海量信息的动因，提出基于微本体建模的微博信息管理体系，所有这些将有效地丰富现有微博研究的理论体系，丰富信息资源管理相关理论。

张海涛

吉林大学教授

2017 年 7 月

前　　言

微博是互联网的新产物，已经具备了信息快速、广泛传播的基础条件，随着用户规模的迅速扩张，以及其内部运行机制的不断完善，它在社会信息传播中所能发挥作用的空间将越来越大。微博用户可以不受时间、空间的限制，持续不断地对某条信息作出评论和转发，使得该信息可能在极短时间内以"核裂变"的方式被成百上千的用户转发，从而演化成引起舆论关注的社会新闻事件；面对内容庞杂、数量巨大的信息，用户很容易眼花缭乱，为垃圾信息所困扰。因此，庞大而琐碎的信息、频繁变化的话题、名人效应等，都在一定程度上影响了微博的长期传播效果。

微博核心价值是建立在独特的信息发布机制、信息获取机制和信息传播机制上的，这些机制满足了大众及时、简单沟通的需求，迎合了"碎片化"的生活方式。微博的出现和迅猛发展大大拓展了网络信息传播渠道，同时对规范网络传播秩序、确保网络信息安全提出了新的要求。总体来看，微博具有的个体性、即时性、分享性、参与性，往往使其兼具"天使"和"魔鬼"的双重面孔，也给微博领域的信息评论引导带来了巨大的机遇和挑战。

微博使用环境属于典型的语义网，提升微博信息管理的语义性能有效地解决现有管控难题，而本体又是语义网信息建模的主要工具，本书力图使用本体技术提升语义性来解决微博信息管理存在的问题。基于上述认识，在本书的编写中，在对现有语义网信息检索模型进行充分研究的基础上，作者结合自身提出的语义网本体自动构建理论和改进的匹配模式，提出基于本体自构的语义网信息检索模型，为后面本体在微博中的应用打下基础。后半部分主要利用前述模型解决现有微博信息管理中的技术问题。其理论价值主要在于对微博的信息组织架构、传播模式和影响力形成机理进行研究，利用微本体技术改善微博信息资源的组织方式，寻找利于微博管理的最合适的信息架构，分析微博产生裂变式传播能量和海量信息的动因，提出基于微本体建模的微博信息管理体系，所有这些将有效地丰富现有微博研究的理论体系，丰富信息资源管理相关理论。应用价值就是从本体建模的思想出发，利用本体建模思想对微博信息的组织和传播进行规范，有效地提高微博信息描述问题的规范性，同时利用自由分类法和本体技术构造的微本体来组织微博信息，实现微博信息传播中的可检测和可控性，为微博信息管理在技术层面上提供具体的实现方法，同时结合用户层面的管理提出基于本体的微博信息用户推荐机制。最后，通过构建微博用户推荐本体，并用改良后的 LDA 模型与传统 VSM 模型加 LDA 模型的比较说明在用户推荐环节，微博用户推荐本体的建立更有利于推荐精度的提升。利用这种方式能够更好地控制社会舆论并加以正确引导，保障社会和谐安定。

　　本书是在借鉴诸多学者辛勤劳动成果的基础上编写而成的，这些成果已列于参考文献中，在此表示深深的感谢。感谢为本书提供参考资料的同学、朋友，感谢科学出版社对本书的出版工作的支持。

作　者

2017 年 7 月

目　　录

序

前言

引入篇：微博及其研究现状

第1章　绪论 ·· 2
　1.1　背景及意义 ··· 2
　　1.1.1　研究背景 ··· 2
　　1.1.2　研究意义 ··· 3
　1.2　国内外研究综述 ·· 4
　　1.2.1　微博信息组织研究 ·· 5
　　1.2.2　微博信息传播研究 ·· 6
　　1.2.3　微博用户推荐研究 ·· 7
　1.3　本书的主要内容 ·· 10
　1.4　本书的创新点 ··· 12
　1.5　本章小结 ·· 13

基础篇：微博与网络信息管理技术

第2章　微博与信息管理技术 ··· 16
　2.1　微博与信息管理概述 ··· 16
　　2.1.1　微博信息管理的现状 ··· 16
　　2.1.2　微博信息管理的手段 ··· 17
　2.2　本体 ··· 18
　　2.2.1　概念及内涵 ··· 18
　　2.2.2　分类与功能 ··· 19
　　2.2.3　构建方法与技术 ·· 20
　2.3　Folksonomy ··· 21
　　2.3.1　概念及内涵 ··· 21
　　2.3.2　特征与功能 ··· 23

　　　2.3.3　应用 ···25
　2.4　网络信息传播 ··26
　　　2.4.1　概念及内涵 ···26
　　　2.4.2　特征与功能 ···27
　　　2.4.3　构建方法与技术 ···29
　2.5　本章小结 ···29

高级篇：本体在网络（语义网）信息检索中的应用

第 3 章　语义网信息检索中本体自动构建的研究 ·····················32
　3.1　语义网信息检索中引入本体构建技术的目的 ·················32
　3.2　语义网本体建模中用到的其他技术 ·······························33
　3.3　语义网环境下本体的自动构建理论 ·································34
　　　3.3.1　语义网本体自动构建的基本思想 ·······················34
　　　3.3.2　语义网本体自动构建的原则 ·······························34
　　　3.3.3　语义网本体自动构建方法的选择 ·······················35
　3.4　语义网领域本体库的自动构建 ······································35
　　　3.4.1　语义网领域本体自动构建的信息需求 ···············36
　　　3.4.2　语义网环境下的 LDAP 目录服务 ······················37
　　　3.4.3　语义网环境下 LDAP 信息的存储 ······················38
　　　3.4.4　基于 LDAP 的语义网领域本体的自动构建 ·········39
　3.5　语义网服务本体库的自动构建 ······································40
　　　3.5.1　语义网服务本体 ···40
　　　3.5.2　语义网服务本体的形式化描述分析 ···················41
　　　3.5.3　语义网服务本体自动构建过程 ·························43
　3.6　本章小结 ···45
第 4 章　语义网信息检索中本体匹配问题的研究 ·····················46
　4.1　语义网信息检索中引入本体匹配技术的作用 ·················46
　4.2　本体匹配理论与相关技术分析 ······································47
　　　4.2.1　本体匹配理论 ···47
　　　4.2.2　本体匹配技术 ···52
　4.3　语义网本体自动构建理论下的本体匹配 ·······················57
　　　4.3.1　语义网自动构建理论下本体匹配的要求 ···········57
　　　4.3.2　语义网本体匹配技术的选择 ·····························58

　　4.3.3　语义网本体自动构建理论下本体匹配的指导思想 ················59

　　4.3.4　语义网本体自动构建理论下本体匹配的预处理 ··················59

　　4.3.5　语义网本体自动构建理论下领域本体的匹配 ····················62

　　4.3.6　语义网本体自动构建理论下服务本体的匹配 ····················66

　4.4　本章小结 ···75

第5章　语义网信息检索中本体组合及其匹配的研究 ·····················76

　5.1　语义网环境下本体组合研究的必要性 ·····························76

　5.2　语义网环境下本体组合的技术基础 ·································77

　5.3　语义网环境下本体组合问题的实质 ·································81

　5.4　语义网服务本体的组合及匹配 ·····································82

　　5.4.1　语义网用户服务请求判定 ·······································82

　　5.4.2　语义网服务本体组合问题 ·······································84

　　5.4.3　语义网服务本体组合的匹配 ·····································89

　5.5　本章小结 ···91

应用篇：基于微本体的微博信息管理机理

第6章　基于本体技术的微博信息管理模型 ······························94

　6.1　微博的信息资源特点 ··94

　6.2　微博的信息组织方式 ··95

　6.3　微博信息质量分析 ··97

　6.4　用户层面微博平台的信息管理 ······································98

　　6.4.1　网络提供给微博用户的信息组织界面 ·······················98

　　6.4.2　用户的自我信息组织方式 ·······································98

　　6.4.3　用户之间的互动方式 ···99

　　6.4.4　用户兴趣建模方法 ···99

　　6.4.5　用户兴趣模型表示 ··100

　　6.4.6　用户兴趣信息获取 ··101

　6.5　本章小结 ··102

第7章　基于本体的微博的信息组织研究 ·······························103

　7.1　微博现有的信息组织方式——Folksonomy ·····················103

　　7.1.1　Folksonomy 的特点 ··103

　　7.1.2　Folksonomy 的不足 ··104

　7.2　微博信息组织方式的改进 ··105

　　　7.2.1　Folksonomy 的优化角度的选择 ·················· 105
　　　7.2.2　网络信息资源 Folksonomy 的优化途径 ·············· 105
　　　7.2.3　具体优化建议 ························· 105
　7.3　基于本体技术的微博信息组织机理 ················· 106
　　　7.3.1　原则 ···························· 106
　　　7.3.2　基于本体规范的微博信息组织模型 ·············· 108
　　　7.3.3　Folksonomy 与本体的融合及微本体 ············· 110
　　　7.3.4　微博信息组织中的微本体构建具体过程 ············ 111
　　　7.3.5　微博信息组织中微本体的更新 ··············· 113
　7.4　本章小结 ···························· 113
第 8 章　基于本体的微博信息传播 ··················· 114
　8.1　微博信息传播 ·························· 114
　　　8.1.1　信息传播的特征 ······················ 114
　　　8.1.2　微博信息传播的影响因素 ·················· 115
　　　8.1.3　微博信息传播过程 ····················· 117
　8.2　微博信息传播建模 ························ 118
　　　8.2.1　建模要素 ·························· 118
　　　8.2.2　建模原理 ·························· 119
　　　8.2.3　模型构建 ·························· 120
　　　8.2.4　微博传播与微博热度 ···················· 121
　　　8.2.5　特征提取 ·························· 123
　8.3　本体规范下的微博信息传播 ··················· 124
　　　8.3.1　微博信息传播本体模型构建 ················· 124
　　　8.3.2　基于本体的微博信息传播管理机理 ·············· 125
　8.4　本章小结 ···························· 126
第 9 章　基于 Folksonomy 和本体融合的微博信息推荐机制研究 ······ 127
　9.1　微博信息推荐中的 Folksonomy 和本体融合——微本体 ······ 127
　9.2　基于微本体架构的微博信息推荐方法 ··············· 128
　　　9.2.1　微博主题微本体的构建 ··················· 128
　　　9.2.2　基于改良 LDA 模型的微博信息推荐 ············· 130
　9.3　实证检验与分析对比 ······················ 131
　9.4　本章小结 ···························· 132
结语 ······························· 133
参考文献 ····························· 134

引入篇：微博及其研究现状

第1章 绪 论

1.1 背景及意义

1.1.1 研究背景

微博从产生至今，凭借自身快速、便捷和实时的优势受到人们的推崇与喜爱，相对来说，微博具有更自由的言论信息，这使得大量的用户开始使用微博，微博迅速成为把握社会脉搏的有力工具。2013 年，微博使用人数急剧增加，以 208.9%的增长速度，令用户数突破 3.95 亿[1,2]。此外，微博的使用领域也十分宽泛，例如，灾难事故中的微博寻亲、热点话题的微访谈等，这些均展示出微博巨大的社会影响力和人文气息[3]。虽然微博极具发展优势，但是微博裂变式传播的特点同样极具社会危害隐患，这种传播方式很容易引起舆论狂潮，若不积极引导将产生很大的负面效应，其中伦理问题日益凸显出来，尤其是道德空间的紊乱和道德行为失范问题。

微博是互联网不断发展的必然产物，拥有信息广泛、传播快速的基本条件，随着微博使用人数的不断增加和内部运行机制的进一步改善，微博将在社会信息传播中占据越来越大的比例和作用[4]。与此同时，我们仍应清楚地认识到我国正处在微博发展的初期阶段，微博内在运行机制（信息生产、筛选、传播）还不健全，由此造成信息冗杂、侵权等一系列问题的产生[5]，日后也将存在很多不确定性因素，需要不断加以完善。

微博使用者对某一条信息可以重复不断地评论或转发，完全不受时间和空间的限制，这可能导致该条信息以"核裂变"的方式在极短的时间内被数以千计的用户评论或转发，进而演化发展成为社会新闻事件，广受舆论关注；使用者在面对如此庞杂的信息时，十分容易被其中的垃圾信息迷惑，产生混乱和困扰[6]。因此，杂乱庞大的信息、纷繁多变的热点话题以及名人效应等均会对微博信息长期传播效果产生某种程度的影响；另外，微博传播可以在无形之中影响用户的是非观、价值观等长期思想道德的形成，拥有很强的渗透力。这都说明无论从社会还是用户的角度，对微博信息的有效管理势在必行。

学术界也逐渐开始重视对微博进行有效管理的研究，取得了一些成果，如制定微博服务自律公约；指导微博运营商采取措施，做好微博的内容管理工作；倡议微博使用者提高自身约束能力、思想道德意识和社会责任感,在使用微博的过程中积极监督其所发现的不良信息,不断提升自己的道德修养等。但是,这些研究只是从宏观的角度上规范微博的使用,寄希望于社会的力量去规范微博用户的行为,少量对微博信息组织和传播管理的技术性研究也只是提出大体思路,并没有给出具体可行的方案。本书的研究试图用本体建模理论规范微博信息的组织和传播,通过构建微博信息组织模型和传播模型,在技术上提出相应的解决办法,实现微博信息的有效管理。

1.1.2 研究意义

通过对信息在微博中的组织、传播及其用户推荐的性质和规律的研究,继而调查研究如何更好地控制社会舆论并加以正确引导,具有十分重要的理论价值和现实意义。本书在理论和实际应用方面都有较高的价值。

微博可以很好地满足用户对简单、实时交流的这一需求,迎合大众琐碎的生活状态。这要归功于微博网络独特的信息获取、发布和传播机制,这也是微博的核心价值所在。微博网络的产生和发展,拓宽了网络信息传播的渠道,微博可以实现信息共享、实时获取和大众参与,同时兼顾个体差异,这些特性既是微博网络发展的优势,也是微博网络的潜在隐患,如何规范其信息传播的秩序,确保网络安全等是一大难题。因此,需要对微博的迅猛发展不断完善并加强引导,抓住其中的发展机遇,更要迎接其带来的挑战。微博的获取和使用十分简单,安装软件注册即可对其操作,加上微博的即时性特点,在对于突发事件的报道和传播上,通常具有信息获取、发布和传播的领先优势。然而,一般而言,微博用户对所浏览的信息的认知是片面的、不对称的,外加一些虚拟互联网信息的掺杂,极容易产生信息失真和信息造假等问题[7,8]。微博信息多短小精湛,且微博网络不受时间和空间的限制,评论和转发十分自由、便捷,加上信息的不对称和用户认知的片面性,很多时候使用者会忽视或遗漏事实的真相,导致信息失真进一步扩大。面对这一问题,政府如果对其进行深入的调查和数据搜集,对此分析后再进行信息发布和辟谣,虽然会使信息的内容更加真实可靠兼具权威性,但是这一过程必然耗费较长时间,公众关注度和舆论热度已经下降,其恶劣影响也已产生,这样做往往事倍功半;政府如果简单地采取强制手段,勒令用户删除微博信息,禁止用户对信息进行评论和转发,虽然可以在一定程度上减少谣言的传播,但是效果不佳,还可能会激发群众的不满,降低群众对政府整体舆论的评价和政府公信力,激发社会矛盾[9-12]。因此,实现微博信息的有效管理成为大势所趋。

(1)本书的理论价值主要在于对微博的信息组织架构、传播模式和影响力形成机理进行研究,利用微本体技术改善微博信息资源的组织方式,寻找利于微博管理的最合适的信息架构，分析微博产生裂变式传播能量和海量信息的动因，提出基于微本体建模的微博信息管理体系。

（2）本书的应用价值在于通过微博理论研究、总结、归纳和发现微博发展的模式、趋势与规律，增强微博用户对微博性质和功能的全方位、深层次理解，增强用户对其传播特征进行准确判断和认知的能力，对微博媒介中的网络信息进行有效的排除和选择，从而减少或避免由于微博的不正确使用而对个人、社会造成的危害。并在此基础上提出规范我国微博发展的有效方案，改变现有用户存在认识程度有限、政府微博信息管理工作机制不健全、运营商功能定位不清、盈利性差等问题的现象，进一步加强、推广和完善微博建设，提升微博的应用水平和能力。

1.2　国内外研究综述

国内外学者对于微博信息管理这一主题的研究内容具有较为明显的差异。国外在这一方面的研究主要以"应用"为主，作者在中国高等教育文献保障系统（China Academic Library&Information System，CALIS）外文期刊网等英文数据库中，对 micro-blog 等主题词进行交叉搜索，发现在 2006~2013 年的时间范围内，CALIS 外文期刊网中相关文章的题目中含有"微博信息组织"或者"微博信息传播"字样或词语的文章总计为 763 篇，其中提及 Twitter 的文章题目共计 647 篇。由此可大胆推出，在国外 Twitter 就是微博的代名词。Hall 等[13]选用了一种超文本引导主题搜索（Hypertext-Induced Topic Search，HITS）算法来计算 Twitter 上用户的中心度和权威度，并将用户之间的关系分成三类：信息共享关系、信息搜集关系和朋友关系；Kipp[14]则将用户分为九大类，其中信息共享（Information Share，IS）、意见/抱怨（Opinion/Complain，OC）、随机想法（Random Think，RT）和关于我的一切（My Everything，ME）这四类占据主体地位，其理论依据在于对 Twitter 中用户发布的状态信息的内容进行详细分析。Kaplan 等[15]发现网络信息的传播与微博媒介的网络结构以及用户个体的特性两者息息相关，因此，提出一个多层次的网络（Multi Layer Network，MLN）结构，用来描述微博用户个体所特有的多项属性，并且在线性阈值（Linear Threshold，LT）模型的基础上，在 MLN 的结构上构建了一个多阈值模型。Welch 等[16]将独立级联（Independent Cascade，IC）模型中两个用户之间的激活概率设置为分布，收集汇总 Twitter 的微博转发数据，通过数据分析，利用马尔可夫蒙特卡罗方法，评估模型的传播概率，并且可以较好地预测 Twitter 中标签和 URL（Uniform Resource Locator）的传播路径。Kwak 等[17]提出以下几方面相关信息传播的内容：影响因素、话题语义、网络结构和用户随时间推移其活跃态的变化，利用贝叶斯逻辑回归方法，在属性集成架构（Attributes Integrate Construction，AsIC）模型的基础上，推断 Twitter 网络各个节点之间随时间变化的传播概率。Ma 等[18]进行了大量关于用户行为的实证研究，提出了 LI（Linear Influence）模型，该模型对各节点之间的影响力进行有效评估，在此基础上预测其信息传播的流向和趋势，并通过实际证明了该模型的精准性。国外的微博领域中，Twitter 所占比例大，占有绝对优势，Twitter 也因此成为微博的代名词，学术界也将 Twitter 的信息管理问题作为直接研究对象，这些研究有很强的个案性，很多研究无法在其他微博系统上推广使用。

国内关于微博信息管理研究的起步比较晚，真正意义上的研究开始于 2010 年，而关注的焦点在于微博信息传播与微博用户个性化推荐这两方面。在少数理论文献研究中，介绍性的文章又占了多数，对于微博中信息组织、传播方式、影响力形成要素等方面的研究尤为匮乏，而这些却恰恰是微博发展的基础。

1.2.1 微博信息组织研究

Xu 等[19]研究微博允许用户之间交换短篇内容，如句子、图像和视频链接等信息组织形式的机理；Velikovich 等[20]主要研究了微博三个方面的特点：微博热点话题、消息内容和消息活跃时间；Lu 等[21]比较了国会主题词表中的主题词与 Library-Thing 标签，发现用户标签是提高图书馆资源的可获取程度的有力工具；Lee 等[22]认为目前关于用户标签和关键词的比较研究还只停留在学术领域，且研究目标多为专业性较强的调查研究，一般互联网用户的研究少之又少，尤其是微博信息的研究尤为欠缺。

国内学者的研究成果同样有很大的局限性。刘鲁等[23]对基于机器学习的中文微博情感分类进行了实证研究；王晶等[24]对当前基于信息数据分析的微博研究进行系统梳理，提出微博信息传播三大构件的概念，归纳了此类研究的主要研究内容及方法，总结了国内外围绕微博信息传播三大构件所取得的主要研究成果；杜伟夫[25]、章成志等[26]以腾讯微博作为研究和调查对象，研究了不同领域用户对标签主题表达能力的差异，并对发现的差异进行了详细研究；吴丹等[27]发现用户在使用微博的过程中给予信息一个个性化易分辨的标签，并通过标签的相关程度对信息进行组织，这一行为和过程极大地简化了信息检索过程，带来了极大便利；潘婵等[28]当前的研究还十分局限，范围较小，通过对标签和关键词的用户行为进行分析，发现娱乐和学术两个领域的标签相似程度存在很大的差别；李林红等[29]认为微博社会网络是一个自组织系统，依据自组织理论从整体网络、个体网络、小团体、小世界效应四个方面构建模型，并以"可持续发展"话题为例，采用"滚雪球抽样方法"，考虑网络用户间的"发布、转发、评论、@、回复"关系，进行实证研究；刘凤光[30]、朱爱菊[31]主要介绍了网络博客、微博的信息组织方式，探讨了网络博客、微博信息质量的分析原则，强调微博是在对人的关注和浏览中获取信息；胡媛[32]利用自然语言处理和数据挖掘技术，通过对微博中的信息内容、用户的社会网络关系和交互情况以及某条信息传播过程进行分析与研究来发现微博中非正式信息交流的规律及其信息流机制；夏雨禾[33]、廖福生等[34]研究发现微博信息传播过程有信息碎片、聚合受众和即时通信等特点；王晓光[11]通过随机抽取新浪微博中的 3000 条微博，并对其博主、发博方式、微博内容、博文转发数量、评论数量、个人关注数及粉丝数等七项数据进行统计分析，研究信息传播的一般流程和微博的基本架构，观察微博用户基本行为和联系特征；夏雨禾[33]以传统社会互动论为基础，统计分析了 438 个样本，并且探究了新浪微博信息产生互动的结构性要素和发生机制。

1.2.2　微博信息传播研究

平亮等[35]以社会网络理论为理论依据，结合微博用户间"关注"与"被关注"的网络拓扑关系，以多种中心度和中心势测度指数为工具，分别从三个中心性（点度、中间和接近）着手对微博社会网络进行了具体分析，最后提出了具有深远意义的启示。

社会网络理论被微博研究者充分挖掘，研究者以"关注"与"被关注"为关联纽带，以用户为节点，通过分析用户节点和整个社会网络的中心性等若干指标，解析微博社会网络，通过定量方式发现微博传播特征。于洪等[36]以统计方法为基础，找到了微博信息传播所具有的集中规律和信息传播途径所具有的三种典型传播模式：一触即发传播模式、多点触发传播模式和多级传播模式；董海军等[37]、田占伟等[38]利用复杂网络理论方法，对构建的微博信息传播网络，进行基于度、路径统计指标的分析，发现该网络具有集群性、小世界、高度中心化等特征；吴凯等[39]基于行为预测的微博网络信息传播建模，提取了影响转发行为的四类特征，利用机器学习中的逻辑回归模型分析预测个体转发行为，并在此基础上融入用户个体差异，建立了一种基于行为预测的信息传播模型；田占伟等[40]分析了微博信息传播模式、分享预测理论方法，基于被动攻击（Passive Aggressive，PA）算法提出了信息分享预测模型，以新浪微博数据为例验证了预测模型；邢立双[41]研究突发事件中微博信息的传播与管理，发现微博信息具有时效性强、碎片化、病毒式传播等特征，在社会公众事件、突发性事件的传播方面，已经对传统媒体造成了冲击；樊鹏翼等[42]认为信息传播过程中，微博的重要特征是用户之间的"关注"关系为弱联系，这使得微博信息传播网络的平均路径小，信息传播效率高；袁毅[43]以新浪微博为研究平台，采集事件传播路径中的用户属性数据及行为数据,利用社会网络分析软件绘制信息传播网络图，并对传播网络的结构、路径及其影响因素进行分析，发现传播网络的形态与用户的影响力、节点的合理布局和外部干扰因素有关；方括等[44]探讨了哲学生活方式对微博信息传播的三点启示：微博信息传播的自我认识，微博信息传播者应有自己的理性原则，认识、承认和接受微博信息传播的限度；刘燕锦[45]以当前应用最热门的社交网站和微博为分析对象，运用社会网络分析法，对两者的传播模式进行分析对比，分析同属于关系型的媒介技术平台是否因为功能设置的差异而造成信息在使用者之间流动的差异及其具体表现；刘继等[46]发现网络舆情传播模式中单关键点型传播模式以强势节点为主，没有桥节点支持，传播链一般较短，但传播速度快，多关键点型传播中多个强势节点通过桥节点进行信息交互，传播影响大，链式型传播模式由于缺乏强势节点，信息传播扩散能力较弱，但传播层次较深；黄淑敏[47]通过对网络社区危机事件传播模式进行分析，发现传统媒体、网络媒体和社区网站构成了层层传递、相互影响的非线性链条传播体系；刘颖等[48]将网络媒体按信息来源进行区分，发现网络论坛信息传播随时间变化的相似性与论坛作者发表量上的不平等特征；陈波等[49]将传染病模型推广到泛在媒体环境下的开放系统中，利用带免疫的舆情传播模型对舆情传播媒介进行控制；钱颖等[50]发现舆情信息具有记忆性，传染病模型在有些场合和舆情信息传播并不是很一致；Lü 等[51]发现网络信息传播不仅依赖于小世界网络中的捷径，还与网络行为的多次社会性强化有关；唐晓波等[52]利用共词网络对微博舆情进行分析，使用图论对现实中的舆情问题进行建模；郭海霞[53]通过对微博的传播方式、传播路径的研究，提出社交网络开放平台中信息传播的模型和特点；郑蕾等[54]发现当信息敏感度大于某一临界值后，明星用户在信息传播中的意见领袖角色随着信息敏感度的增加而逐渐减弱；康伟[55]基于社会网络分析（Social Network Analysis，SNA）的突发事件网络舆情关键节点识别，发现网络结构与节点位置决定成员的"影响力"程度，中心关键节点的资源控制能力与信息输入、输出效率呈显著的正相关；张赛等[56]提出了一种三角和算法用于探测用户粉丝数阈值，该算法根据散点分布的统计规律来估计使微博热度达到某一值的粉丝数的临界值，发现为使微博热度大于 10，用户粉丝数应大于 150；郭浩等[57]为了定量地研究用户影响力，提出基于用户消息传播范围的用户影响力量化定义，并给出用户影响力的计算方法。张旸等[58]分析了影响微博转发的特征因素，利用机器学习中的分类方法建立了特征加权的预测模型。

Westman 等[59]社会科学领域的学者对微博信息的传播多采用统计学方法，对大规模数据进行研究，发现规律；Narayanam 等[60]介绍了一种线性阈值模型，其基本思想是一个节点转换为活跃状态的概率会随着周围活跃节点个数的增多而增大，如果一个节点邻居中活跃节点数量超过一定阈值，该节点将转换为活跃状态；Lahiri 等[61]利用系统动力学模型对社会网络中的信息传播进行了分析；Efron[62]针对微博信息传播的研究，集中在数据挖掘、电子商务应用等领域；Suh 等[63]重点研究微博信息分享过程涉及的两个主体：用户和信息的个人行为对微博信息传播的影响；Yu 等[64]对我国微博信息的特有现象进行了研究。

1.2.3 微博用户推荐研究

早期的微博用户推荐源于微博用户的个性化研究的需要。王广新[65]研究了基于微博的用户兴趣分析与个性化信息推荐，对如何使用微博数据分析用户兴趣，以及进行个性化推荐的方法进行了分析和探索；张国安等[66]提出了一种新的方法来挖掘微博用户评论和所转发微博的文字信息，将被用户关注的层面发掘出来，从而产生推荐；何黎、何跃等通过对微博用户的信息和关系数据进行决策树分析、相关性分析以及关联规则来挖掘用户特征，并对微博网络进行核心用户发掘；Xu 等[67]倡导使用词包（bag of words）模型分析用户兴趣。

后来，研究者通过较为系统地研究微博的基本结构、信息传播一般模式，考察微博用户基本行为特征和关系特征，分析微博影响力的相关变量，并建立影响力回归方程来研究用户推荐。Yu、Asur 和杨成明等[12,64]通过以 Twitter、新浪微博为研究对象，抽取微博平台提供的各项字段，从用户性别、地域、影响力等多个角度揭示当前微博用户的行为特征问题，达到用户推荐的目的；赵岩露等[68]基于微博用户的入度和出度分布满足长尾分布的特征分析微博用户兴趣；张中峰等[69]认为驱使动态社会发展的一个最主要的机制就是同质性，即微博用户双方相互关注是因为他们拥有共同的兴趣爱好；胡文江等[70]提出了基于关联规则和标签的个性化好友推荐策略，结合共同好友和用户标签相似性两个特征向量，使得推荐好友更准确，更具个性化；涂存超等[71]针对微博用户的标签进行分析，提出网络正则化的标签分发模型（Network-regularized Tag Dispatch Model，NTDM）来为用户推荐标签，NTDM 对用户个人简介中的词语和标签之间的关系进行建模，同时利用其社交网络结构作为模型的正则化因子；覃梦河等[72]发现结合人际关系的传统分类（即地缘关系、学缘关系和业缘关系），通过因子分析找出强关系构建因子，在帮助用户拓展社交网络关系时有很好的参考意义和实践价值；徐志明等[73]将用户关系应用于用户推荐的相关实验，基于社交信息的用户相似度取得了最好的推荐效果。最后，该文献应用基于社交信息的用户相似度生成了微博的社会网络（称作用户相似性网络），在该社会网络上进行了团体挖掘的实验，实验结果显示了该相似度在团体挖掘上的有效性。Naruchitparames 等[74]在电气和电子工程师协会（Institute of Electrical and Electronics Engineers，IEEE）大会上提出 FOF 理论（即好友的好友理论），为微博好友推荐的研究提供了新的理论依据；Chechev 等[75]倡导基于内容的好友推荐，能够深层次挖掘用户的隐性兴趣；Hannon 等[76]发现基于社会关系或者内容的好友推荐都只考虑了单一维度的因素，研究表明，基于多维度的好友推荐准确率更高；Krestel 等[77]倡导人们对信息或者资源的标注（即标签），利用标签相似性来推荐好友，大大提高了信息或资源的推荐效率与准确度；Zhang 等[78]研究实用性的标签推荐系统；Hannon 等[79]在 Twitter 上通过比较基于内容和基于协同过滤的好友推荐方法，发现这两者都能够进行高质量的推荐，但是两者的结合推荐效率更高。

近几年国内外关于微博用户推荐的研究集中在一些推荐算法和推荐模型上，这些研究既有早期的 k-means 算法、词激活力（Word Activity Force，WAF）算法和 WeiRank

算法，也有目前最为火热的潜在狄利克雷分布（Latent Dirichlet Allocation，LDA）主题推荐模型。杨尊琦等[80]基于 k-means 算法实现微博用户推荐功能，以新浪微博达人为研究对象，提取他们关注的名人和机构进行归类，基于共链关系将统计结果制成相关性矩阵，导入 SPSS 软件中进行 k-means 聚类，结果为具有相似性的兴趣可以聚为一组；肖晶[81]基于 WAF 的社区发现及用户推荐，提出了基于 WAF 模型的社区发现方法，将整个复杂网络社区分割成若干个子社区，并使用国内外著名微博用户数据进行实验，验证了该算法的有效性，进而在社区发现结果的基础上，提出一种新的个性化用户推荐算法，针对以微博平台为代表的社交网站，提供个性化的用户推荐服务；谢达[82]基于 WeiRank 算法从由用户关注关系构成的微博网络拓扑结构的角度出发，采用多轮迭代投票、加权投票的方式，计算微博中用户的影响力值。

　　LDA 主题推荐模型是微博用户推荐研究中最为火热的一种用户推荐模型，国内外大量学者对其进行了较为深入的研究。Blei[83]研究了 LDA 模型的始祖——潜在语义分析（Latent Semantic Analysis，LSA），认为在微博中应用它能够更好地近似于人类的理解关系，即将表面信息转化为深层次的抽象；Tang 等[84]将 LDA 引入了超参数，形成了一个文档-主题-单词三层的贝叶斯模型；Hong 等[85]利用 LDA 模型可以将两个主题模型合并，以搭积木的方式形成一个新的主题模型；Zhao 等[86]假设一个单独的微博帖子通常只有一个单一主题，对作者主题模型（Author Topic Model，ATM）进行了扩展，提出了 Twitter-LDA 模型。

　　唐晓波等[87]基于社会关系理论中的同质性理论和三元闭包关系理论，分别从社会关系和内容两个维度向社交网络用户推荐志同道合的朋友，并利用 LDA 的扩展模型 UserLDA 对新浪微博用户进行兴趣主题建模，通过用户-主题概率分布矩阵计算用户相似度，以进行 TopN 二级好友推荐；徐彬等[88]深入分析了微博用户数据，总结了微博用户标签的特点，针对 LDA 主题模型在处理短文本时存在的不足提出了一种基于好友关系约束的主题模型；邱亮等[89]发现 LDA 主题模型可用于识别大规模文档集中潜藏的主题信息，但是对于微博短文本的应用效果并不理想，将标准的文档-主题-单词的三层 LDA 模型变为用户-主题-单词的用户模型，利用该模型进行用户推荐；张晨逸等[90]基于改进的微博潜在狄利克雷分布（MicroBlog-Latent Dirichlet Allocation，MB-LDA）模型的微博主题挖掘，在 LDA 基础上提出了专用于中文微博主题建模的 MB-LDA 模型，实现基于 LDA 模型的话题追踪；张培晶等[91]基于 LDA 的微博文本主题建模方法研究述评，分析 LDA 模型的特征及其用于微博类网络文本挖掘的优势，介绍和评述微博环境下现有的基于 LDA 模型的文本主题建模方法，并对其扩展方式和建模效果进行总结与比较；唐晓波和向坤[92]提出微博热度的概念，并将其引入 LDA 模型的热点挖掘研究中，构建基于微博热度的 LDA 模型，通过应用程序编程接口（Application Programming Interface，API）采集微博数据的实验，证明新方法与旧方法具有相同的性能，而且能得到更直观的微博热度表，并得出了更具有说服力的挖掘结论；同时唐晓波和王洪艳[93]实现了基于潜在语义分析的微博主题挖掘模型，提出根据微博信息特点进行有针对性的预处理后，使用基于先验概率的潜在语义分析模型 LDA 进行微博主题挖掘，并在 LDA 建模的基础上，设计文本增量聚类算法，进一步实现主题结构的识别，从而使用户更好地理解主题及其结构；余传明等[94]基于 LDA 模型在吉布斯抽样过程中得到两个矩阵：特征词-主题矩阵和微博-主题矩阵，利用 LDA 模型对要构建的文档向量空间矩阵维数进行降维。

尽管国内外关于微博信息管理的研究取得了很多成果，但是这些研究中存在着明显的不足，很多实质性的问题并没有得到解决。

（1）微博信息组织管理方面的研究严重匮乏，研究重点本末倒置。微博信息管理主要包括两个方面的内容，即微博信息组织管理与微博信息传播管理。微博信息内容和组织架构是微博信息传播的基础，目前国内外的研究几乎全部集中在微博信息传播的分析与仿真上，微博信息组织管理方面却很少涉及。

（2）微博信息传播管理方面研究明显偏颇，研究视角单一。目前关于微博信息传播的研究多是在传播学的视角关注规范微博用户的使用和进行信息引导从而实现微博信息的管理，实际上微博信息传播的有效管理涉及情报学、传播学、公共管理多个方面，从单一视角去研究不免有盲人摸象之嫌。

（3）微博信息用户推荐研究方面创新性成果不多。目前对于微博信息用户推荐的研究多从用户兴趣出发，利用 LDA 模型等主题推荐模型实现。LDA 模型还是基于词频的统计分布的，缺乏语义性的弊端并没有改变，解决这方面问题的研究成果并不多。

因此，关注微博信息管理的内因即微博信息内容的有效组织和管理以及从多视角、多学科去研究微博信息的传播将是今后微博信息管理研究的重点方向。

1.3　本书的主要内容

本书主要解决现有微博信息管理中的技术问题。从本体建模的思想出发，利用本体建模思想对微博信息的组织和传播进行规范，有效地提高了微博信息描述问题的规范性，同时利用自由分类法和本体技术构造的微本体来组织微博信息，实现微博信息传播中的可检测和可控性，为微博信息管理在技术层面上提供了具体的实现方法，同时结合用户层面信息推荐机制提出基于本体的微博信息管理机制。本书的研究主要集中在三个方面。

（1）基于本体技术的微博信息组织研究。传统微博信息采用 Folksonomy，即自由分类法作为信息组织方式，但是其本质是一种基于标签语法层次的简单聚合分类，再加上语言本身的复杂性和用户标注的随意性因素，信息组织的清晰度和资源查询的准确度都会降低，同时 Folksonomy 中纯粹自然语言的标签无法解决近义异形词滥用的问题，也会干扰 Folksonomy 的发展和应用。利用本体和 Folksonomy 的结合构建一种适合微博信息组织的架构形式成为大势所趋。本书通过对本体和 Folksonomy 进行研究，构建了一种微型本体架构来进行微博信息的规范化，为消除歧义和提高结构化微博信息的应用打下基础。

（2）基于本体技术的微博信息传播研究。本书提出基于自组织和本体建模理论的微博信息管理模型来加强微博信息的管理。在具体实现上，以自组织和本体建模理论对微博信息的组织过程进行规范化，形成结构化的信息组织结构进入微博信息传播阶段，再通过本体建模理论对传播中的信息进行重新建模，以系统学的视角对传播过程进行约束和管制研究，从而在技术层面达到加强微博信息管理的目的，图 1-1 展现了本书构造的微博信息管理的技术概念模型。

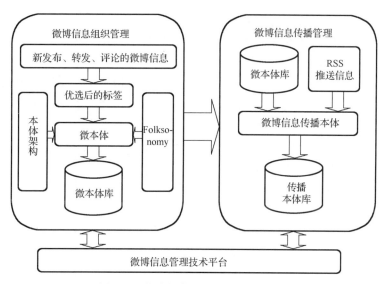

图 1-1　微博信息传播管理技术模型

（3）基于本体技术的微博信息推荐研究。微博信息推荐本质上属于微博信息组织的内容，但是由于涉及用户角色，微博信息中的信息推荐问题已不是单一的信息组织问题，它融合了信息传播的若干内容，成为建立在微博信息组织与传播之上的一种用户服务功能。本书以简化的本体架构来构建微博信息推荐系统，结合改进的 LDA 模型进行微博信息和用户的推荐，有效地提高了推荐的精度和质量，如图 1-2 所示。

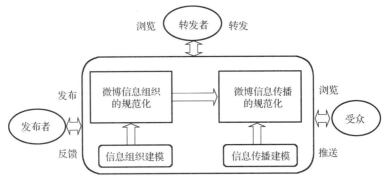

图 1-2　用户层面的微博信息管理概念模型

1.4　本书的创新点

本书的研究在以下三个方面有所创新。

（1）以形式概念分析和本体来规范微博信息组织。在形式概念分析的背景下构建一种基于 Folksonomy 的类似本体的结构——微本体，这种结构化的信息形式既可以结合 Folksonomy 的优点，让所有用户参与到本体构建中，降低微博信息本体的构建成本和复杂度；又可以拥有本体的优点，形成结构化的、无歧义的、易控制的信息组织结构，便于信息的管理和传播，如图 1-3 所示。

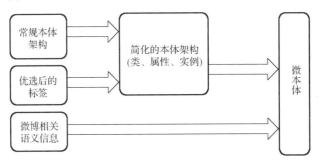

图 1-3　微本体的构建过程

（2）以系统学和本体来规范微博信息传播。以系统的视角，即以系统稳定性、系统临界行为、系统可控性来研究微博信息的传播。从信息建模的角度，通过对微博信息抽取而成的微博信息传播本体的监测从而达到微博信息传播预警的目的，如图 1-4 所示。

（3）构建全方位的微博信息管理模型。在本体建模的思想下，结合发布者、转发者、受众等外部要素，构建全方位的微博信息管理模型，研究模型内部要素之间的关系和作用机理，发现其规律。

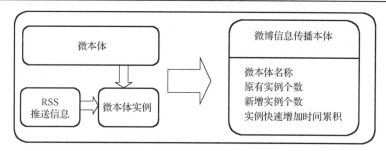

图 1-4　微博信息传播本体模型

1.5　本　章　小　结

本章为绪论部分，主要介绍了本书的研究背景和研究意义，详细叙述并简析了国内外研究成果，并通过国内外的研究成果确定了本书的研究内容，介绍了本书的主要创新点。

基础篇：微博与网络信息管理技术

第 2 章　微博与信息管理技术

2.1　微博与信息管理概述

2.1.1　微博信息管理的现状

微博是一个基于用户关系信息分享、传播和获取的平台。用户可以通过Web、WAP等各种客户端组建个人社区，更新信息，并实现即时分享。微博的关注机制分为可单向、可双向两种。微博作为一种分享和交流平台，更注重时效性和随意性，更能表达出每时每刻的思想和最新动态。

微博凭借实时性和便捷性成为重要的网络应用，其聚集的大量用户和相对自由的言论信息使其成为把握社会脉搏的重要工具。早在 2006 年，就有外国学者关注微博信息管理，倡导以法治和规范约束微博信息，同时强调通过采用新的微博信息管理技术使微博信息的组织、传播等环节实现规范化和可控化。我国对微博信息管理的研究始于 2010 年，除倡导在用户管理上进行引导外，技术层面的关注点与国外一样集中于微博信息组织、传播与用户个性化推荐，这三方面恰恰描述了微博信息的生命周期。国内外关于微博信息管理取得的主要成果可概括为微博信息组织、传播与用户个性化推荐这三个方面，而且现如今进行微博信息管理用到的技术主要是社会网络分析技术。

社会网络关系以现实社会的人际关系为原型与基础构成互联网应用中的社会网络结构，并以此关系网络影响着用户间的信息传播方式。微博是一种允许及时更新简短文本并可以公开发布的微型博客形式，允许任何用户阅读或者由用户本人所选择的群组阅读；微博信息传播基于一定的社会网络结构的传播模式，在信息传播中同时具备社交网络属性，用户之间可通过关注关系构建微博社会网络结构，并在这种关系中获取个人感兴趣的信息与资源。在微博这样的社会网络结构中，不同用户之间的相互关系和彼此之间的联系可以使用社会网络图中不同节点间的连线来抽象表达，信息传播的主体相当于社会网络中的"节点"，传播主体之间的联系相当于社会网络中的"关系"，信息传播的路径相当于社会网络中的"边"。不难看出，微博用户及其之间的关系本质上是一个社会网络。因此用社会网络分析方法对微博进行研究分析再合适不过。

2.1.2　微博信息管理的手段

微博提供了这样一个平台，用户既可以作为观众，在微博上浏览感兴趣的信息；也可以作为发布者，在微博上发布内容供别人浏览。无论用户是何种身份，只要想发布信息，随时都可以注册账号，在任何时间、任何地点即时发布信息。只要有一定数量的受众（粉丝），例如，一些大的突发事件或引起全球关注的大事，如果有微博在场，利用各种手段在微博上发表出来，其实时性、现场感以及快捷性，甚至超过所有媒体。因此，微博管理变得越加重要。研究国内外的微博管理手段，尽管方式各异，但可以归纳为三位一体：政府积极参与，试图更好地利用微博，促使其成为国家健康发展的沟通工具，同时利用法律手段和制度措施，引导微博媒体快捷地形成正确的舆论场。

（1）政府主动参与。在西方国家，法律有明确的规定，政府不得干预媒体，包括社交网络在内的新型传播手段称为新媒体。因此这些国家对微博的管理，更倾向于政府积极主动地参与进去，形成主力的引导，把握信息传播的主动权，使其成为内政外交"扬声器"。"微博参选拉票""微博外交"就是最好的证明。

（2）法律和制度约束。社交网络是一把双刃剑，正如 Facebook 的创始人马克·扎克伯格所说，"要享受它的自由，也要接纳它的弊端"。伴随着信息的自由流通，社交网络也成为造谣、诽谤、网络欺凌和欺诈的产源地。为此，许多国家都制定了专门的法律措施来减少和遏制这些负面效应：美国司法部要求国会修改相关的计算机欺诈法案，以起诉那些在网络上提供虚假身份等信息来伤害他人的人；印度修订《信息技术法》，印度通信与信息技术部有权查封网站和删除内容，网站运营商必须告知用户不得在网站发表有关煽动民族仇恨、威胁印度团结与公共秩序的内容，对在网上散布虚假、欺诈信息的个人处以罚金或最高判处三年有期徒刑；中国政府有关维护互联网安全的决定中明确规定利用互联网造谣、诽谤或者发表、传播其他有害信息等，构成犯罪的，依照刑法有关规定追究刑事责任。越来越多的法律被制定出来，用来约束网络行为，相信法律体系将更加完善。

（3）正确引导舆论。在当下的中国，在微博等网络社交空间中，可以看到很多对社会热点和政治事件的讨论。当然，网民发出的声音各有不同，并非单一的主流声音，甚至会出现恶性言论铺天盖地的场面，所以当前对于任何国家来讲，引导网络都是关系一个国家命运的问题，不可小视。同时对于社交网络的言论应有一颗包容之心，不能一味地通过技术手段控制言论，而应该深入言论其中进行有效的引导。面对微博用户，应引导其对政治含义的正确理解，增强他们的政治判断力，形成正确的思维方式和行为，塑造他们的政治责任感。另外，网络的新兴力量是现代青年，要培育青年网络政治参与的公共精神，促使他们选择与公共利益相一致的网络行为。

2.2　本　　体

2.2.1　概念及内涵

对本体论的研究最早可以追溯到思考万物本源的时候。早在 17 世纪,本体论就已经诞生,最初它属于哲学范畴,考虑本质上世界存在什么,并站在哲学角度对真实事物进行客观的描述[95,96]。在后来的发展中,本体逐渐融入其他的领域,如计算机领域、人工智能领域等,并开始使用“本体”一词以区分哲学中的本体论。

本体(ontology)的概念最早是由 Neches 等提出的,Neches 等学者通过对人工智能进行研究,从而指出本体是一种基本术语和关系,它总结并提炼出相关领域的标签词汇,并利用这些基本术语和关系组成这些标签词汇外延的含义[97]。随后越来越多的学者将本体这一概念扩展到知识系统、信息系统等领域,并且相应地给出了很多概念定义,其中应用最为广泛的一个概念是“本体是概念化的明确的规范说明”,此概念由 Gruber 首先提出。除此之外,Fensel 认为“本体是对一个特定领域中重要概念的共享的形式化描述”,Studer 定义“本体是共享概念模型的明确的形式化规范说明”[98]。

本体概念的演变可以从表 2-1 清晰地理解。

表 2-1　本体概念的演变

时间/提出人	概念
1991/Neches 等	给出构成相关领域词汇的基本术语和关系,以及利用这些术语和关系构成这些词汇外延的规则的定义
1993/Gruber	概念模型的明确的规范说明
1997/Borst	共享概念模型的形式化规范说明
1998/Studer	共享概念模型的明确的形式化规范说明
2000/Fensel	特定领域中重要概念的共享的形式化描述
2003/Uschold	关于共享的概念模型的协议

通过以上不同本体概念的叙述,我们可以从四个方面理解本体的内涵。

(1)概念模型:对客观世界中存在的现象进行抽象描述,从而获得相关的概念,并进行分析计算获得模型,用这种方式得到的概念模型与具体环境状态是相互独立的。

(2)明确性:本体中明确阐述并定义了本身所涉及的概念和所有概念的约束规则。

(3)形式化:本体是一种可以被计算机读取的精确的数学语言描述。

(4)共享性:本体中体现的知识是被团体共同认可的,是一种公认的概念集。

2.2.2　分类与功能

Guarino 对本体进行了更具体的划分，他根据详细程度把本体分为参考本体和共享本体，按照领域依赖程度把本体分为顶层本体（top-level ontology）、领域本体（domain ontology）、任务本体（task ontology）和应用本体（application ontology），如图 2-1 所示。顶层本体与具体应用无关，它用于描述最普通的概念间的关系，是其他种类的本体的抽象化与概念化。领域本体的描述内容比顶层本体更加详细，它阐明了在特定领域范围中不同概念之间的联系，便于共享。任务本体主要描述在某些特定任务中不同概念之间的关系。应用本体描述的是对特定领域和任务依赖性强的概念之间的关系。除此之外，依据涉及的主题内容的不同，可以把本体分为知识表示本体、领域本体、任务本体、通用本体和术语本体；也可以根据形式化程度把本体分为完全非形式化、结构非形式化、半形式化和形式化本体[99,100]。

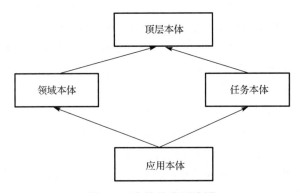

图 2-1　本体分类层次图

本体的功能可以归纳为以下几点。

（1）本体建立一个规范模型，从而分析领域知识的结构，这种行为成功地为不同操作平台的人员提供了信息共享与交换。根据本体在不同的操作平台上的应用，可具体把本体分成两类：高概念化本体和低概念化本体。高概念化本体是一种对知识构建有约束的方式，它的目的就是对不同用户之间进行语义层次上的知识的共享和互操作。与之相对应的低概念化本体仅限于要求使用者应用相同的词汇，而对于使用者对同一词语（或者知识）是否有同样的理解和解释则不能够保证，并且本体在此类应用中通常不具有语义信息[101]。

（2）针对研究制造企业知识集成在软件系统中的分析设计和实现过程，融入基于本体的方法有很多优点，如提高效率、节约成本、提高系统可靠性，并且本体的形式化描述可以满足软件系统组建的共享和可重用性。

（3）用户之间对信息组织结构形成共同理解。以医药电子商务 Web 站点为分析实例，这些站点以同样的底层本体为共享本体，因此计算机代理能够精确地抽取来自不同站点的信息，并把集成的信息提供给用户[102,103]。

（4）复用专业领域知识，由操作性知识提取领域知识。

（5）分析专业领域的知识。分析术语规范对于尝试复用和扩展本体有着极大的价值。

本体使用的是机器语言，目的是解决人、机器之间知识信息的交流障碍，所以它基本可以应用在所有存在知识信息交流的领域，包括构建信息系统、构建语义网、图书馆、电子商务、医学、供应链等。

2.2.3　构建方法与技术

目前已经存在很多本体，但从工程角度来看，本体的构建仍然不够成熟。本体没有标准的构建方法，但是大家公认的一点就是在构造某些特定领域本体的过程中，需要这些领域专家的加入。最有影响的是 Gruber 在 1995 年提出的 5 条规则（*Toward principles for the design of ontologies used for knowledge sharing*）：①清晰（clarity）；②一致（coherence）；③最大单调可扩展性（extendibility）；④编码偏好程度最小（minimal encoding bias）；⑤本体约定最小（minimal ontological commitment）。

典型的本体构建方法如下。

（1）TOVE（企业建模法）。它已经构建了相关本体，最终目的是构建集成本体，内容是商业和公共企业建模的集成。企业建模法作为该项目的一部分，构建了一套方法——企业本体建模法，用来设计和评价本体。

（2）骨架法（skeletal methodology）。骨架法仅限于提供开发本体的指导方针。它是基于企业本体的相关商业企业之间术语和定义的集合。

（3）METHONTOLOGY 法。它是 Fernandez 和 Gomez-Perez 等学者在马德里大学设计开发人工智能图书馆时应用的方法。该方法是融合了骨架法和 Gomez-Perez 法后，提出的一种本体建设方法，相较于前两种方法，此方法更具有通用性。

（4）循环获取法（cyclic acquisition process）。它是一种一般的环形结构，其基本操作流程有五部分，按照操作顺序依次是选择数据源、概念学习、领域聚焦、关系学习、评价。

（5）IDEF-5 方法。它是用于阐述和获得企业本体的方法，是由美国 KBSI（Knowledge Based Systems Inc）公司开发的。IDEF-5 用形式化描述的方式，通过图表语言形式和具体阐明语言形式获得客观存在的相关概念、属性以及关系，以此作为主要架构组成知识本体。

这些方法都得到了公认，但参照软件开发生命周期法来对这些方法进行分析，还没有发现哪种方法是完善而成熟的。

目前为止，构建本体的方法主要有两种：①依靠本领域专家的帮助，利用本体描述语言将本体描述阐明清楚；②从结构化的数据和文本中抽取、学习或发现领域本体。用第一种方法构建本体，是完全手工的形式构建本体，并不适合复杂应用领域。因此本体构建的第二种方法应运而生，即使用自动化或半自动化的方法来构建领域本体，这种方式可以减少完全手工形式构建本体的工作量，并且提高所构建的领域本体的质量。目前不利于对本体进行深入研究的主要因素是抽取概念关系，本体可以通过概念图、可扩展标记语言（Extensible Markup Language，XML）等进行形象表达，目前公认的表达语言是网络本体语言（Web Ontology Language，OWL），它的优势是集描述逻辑、形式逻辑和 Web 标准于一体。

我国研究本体的学者提出了一些很有价值的想法，其中在构建领域本体方面，李景提出了明确的七个步骤：第一明确要构建的本体所属的专业领域范围；第二复用现有本体；第三列出本体中重要的术语；第四定义类之间的等级体系；第五定义类的属性插件；第六定义属性插件的分面；第七创建实例。刘柏嵩提出应用三类本体对用户浏览数字图书馆进行描述：数字资源本体（resource ontology）、浏览任务本体（task ontology）和用户模板的本体（profile ontology）。本体开发的系统软件的功能一般包括自动将系统内容转换成数据库、编辑、自动转换置标语言、附加软件插件等。现在本体开发的软件种类已超过了 50 种，具有代表性的有 OntoEdit、OilEd、Ontolingua、Open Cyc 等，支持操作平台扩展功能的插件也不少于 80 种，其中包括支持 OWL 的插件。

本体的描述语言始于人工智能领域对知识表示的研究，有代表性的语言或环境有知识交换格式（Knowledge Interchange Format，KIF）、Ontolingua、开放知识库连接（Open Knowledge Base Connectivity，OKBC）等。近年来，本体论与 Web 技术的结合为本体的发展提供了更宽广的平台。在标准方面，基于 XML 语法的资源描述框架（Resource Description Framework，RDF）和 RDF Schema 以语义网（semantic networks）为理论基础，详细规范地描述了信息资源所包含的所有语义：RDF 采用资源、属性和声明等三元组来描述事物；RDF Schema 则通过添加 rdfs: Class, rdfs: subClassOf, rdfs:subPropertyOf, rdfs: domain, rdfs: range 等原语，重新定义和表示类、父子类、父子属性以及属性的定义域和值域等。这样，RDF（S）就成为了一种标准语言，能够对本体进行初步描述[104,105]。

2.3　Folksonomy

2.3.1　概念及内涵

Folksonomy（自由分类法）是一个创造词，由 Folks 和 Taxonomy 衍生而来，其中 Folks 意为一群人，Taxonomy 是信息构架中的一部分，意为分类法。因此 Folksonomy

可以理解为由"群众"自发性地定义的标签分类[106]。简单地说，Folksonomy 就是标签，只不过它是由自定义标签功能衍生出的一种为网络信息分类的手段，或者说是通过网络信息用户自己定义一组描述标签词汇来总结描述某类信息，然后通过分析哪组标签词汇使用频率高，从而选用这种高频标签。

2004 年 8 月，Folksonomy 这一名词由 Vander Wal 第一次提出，之后 Vander Wal 在博客上多次发表文章阐明其含义并解释其特点。他提出，Folksonomy 是由个人用户促成的一种添加标签的方法，这个过程的环境是开放而共享的，目的是满足用户的检索需求。形成 Folksonomy 需要来自两个方面的原因：一是针对个人用户的网络信息组织需求；二是网络环境的社会化。Folksonomy 的概念提出后，引起了众多学者的关注和讨论。

2004 年 12 月，Mathes 指出，标签是一种由用户自己产生的元数据，它具有直接迅速地反映用户词汇和需求及其变化的性质。他认为出于用户需要管理个人信息，并使用自己的标签词汇标注相关的信息内容的目的，才产生了自由标注法，是为了便于日后再次查找和应用这些被标注的信息；同样的标签词汇能够集中和凝聚整个网络信息空间中的所有类似或相关的信息内容，从而更好地实现资源传播和共享，而且用户通过使用标签词汇进行信息查找和浏览甚至能获得意料之外的新发现[107-109]。

Folksonomy 的内涵可以从以下几个方面进行理解。

（1）元数据由用户产生。元数据也是一种数据，用于说明信息资源的结构化，能够描述信息资源或数据本身的特征属性，同时规定数字化信息的组织。创建元数据的传统方法包括两种：一是专业人员创建；二是作者创建。而 Folksonomy 实现了完全由用户产生元数据[110,111]。与传统的图书馆分类法、主题法不同的是，Folksonomy 来源于大众用户，并且服务于大众用户，用户不需要专业培训，它的形成与使用成本都非常低，并且更易被用户接受。

（2）基于自然语言的社群聚类。为定义传统分类体系的类名，必须单独创造出一种人工语言，并利用分类号进行人工语言识别。人工语言与自然语言相对，指的是为了特定族群而人为创造出的一种语言。在自由标注法中，根据网络信息用户标注并提交的数量庞大、各式各样的标签大海，系统利用各种统计分析方法在其中发现并收集最适合的元数据，分类的标准就是对于类似或相关内容，把使用频率最高的标签词汇作为其分类的元数据。Folksonomy 信息组织方式的自由化体现在语言的多样性和随意性，它的分类词汇完全来源于网络信息用户的语言，既不要求准确性，也不要求规范性，但是它却能真正反映用户的心理需求、词汇需求和信息需求，这种方式还能够迅速灵敏地应对需求的千变万化。此外，基于个人对事物的理解和认识，网络信息用户可以将事物所包含的显性或隐性的意义用自己的文字描述和表达出来，这在信息检索和知识发现方面都具有极其重要的作用。

（3）信息组织方式的社会化。自由标注法不仅仅是用户个人的信息组织工具，在使用的过程中，由于用户分散在一个广阔的空间里，彼此有着各种各样的联系，所以它已然演化为社会化的交流协作工具。每个用户标签和信息资源都是公开的，方便人与人进行深入的了解与交流，可以说，Folksonomy 为人与人之间构建了一座桥梁。除此之外，Folksonomy 反映的是特定领域与社群的知识体系，因此受资源类型所限，它不会具有通用性。

2.3.2　特征与功能

Folksonomy 是一种不同于传统标注法的全新标注方式，因此它具备自身特有的一些特征。

（1）分类过程自下而上。在 Folksonomy 出现之前，所有的分类方法都是由上而下进行展开的，用户在使用传统方法时，必须首先在现有分类体系下找到要标注的信息内容的所属类目。而 Folksonomy 则与之截然相反，在使用此类方法时，用户首先需要自发地定义信息内容，而且这个定义不受语言、类型等任何形式的限制，并且人与标签是一种一对多的关系，即每个用户个人都可以使用多个不同的标签词汇，且每种资源的标签数目也没有任何限制要求。网络系统会收集、统计并分析对同一信息进行标注的标签，找出其中使用频率最高的标签，该标签就是该信息资源的最终分类。

（2）平面非等级的类目结构。传统的分类方法具有十分明确的逻辑体系和等级结构，而且是按照主题学科进行类目设置的，而 Folksonomy 是一种平面非等级结构，它不存在等级结构，标签之间是平等的关系，因此 Folksonomy 可以看作一幅分布若干离散节点的平面图，节点之间非均匀分布，它具有较强的大众趋同性和实用性。

（3）类目名称动态变化。传统分类法一般是由专业人员编制受控词汇，形成后长时间内不会发生太多变化。与之相对的是 Folksonomy 的类目名称多是自然词汇，这种类目更新频率是传统的信息组织工具不可能达到的。这种动态变化是社群成员之间相互作用的结果。在不断的动态更新中，一些标签"淡出"人们的视线，一些标签又可以成为当前的热点和趋势，人们可以根据标签的变化随时了解目前的焦点与热点。随着时间的变化，词汇会发生相应的变化，标签随着用户需求和信息内容更新的变化而不断变化，实时动态地反映出了社会关注的焦点和舆论的走势，而且这种实时的动态变化是传统分类方法做不到的。

（4）标注系统具有共享性。任何人都可以看到网络信息用户所标注的信息资源的内容和用户所使用的标签词汇，当然用户个人既可以提供标签词汇，也可以使用别人的标签词汇对信息内容进行标注。其他的网络用户可以浏览到这些标签，并可以使用这些信息内容，用户可以对自己任意感兴趣的内容进行标记、浏览或者提供标签。当用户浏览到他人留下的内容标签时,可以根据自己的想法进行增加或修改。同时可以使用 RSS 订阅有兴趣的标签对应的资料或寻找志同道合者。因此,Folksonomy 实现了具有公用共享性质的标注系统。

(5)低成本的信息组织方式。Folksonomy 不同于以往由图书馆或作者创建元数据,它直接通过用户实现元数据的产生,并不需要预先编制。同时,在学习使用这个巨大的标签分类体系时,也不需要特意学习掌握专门的技术方法或特意接受专业的训练,因此用户个人可以避免耗费很多学习和培训所需的时间及精力。

(6)个性化的社会性系统。基于 Folksonomy 的标注系统为用户提供了一个很好的方便且个性化的信息分类平台,在这个平台上,用户兼任信息标引员和信息使用者的双重身份,在标注和使用间相互转换,并且能够及时得到反馈。用户也可以通过邀请、添加等操作为自己设立一个社会性质的关系网络,这个系统具有非常强的个性化特质,不需要依照设定好的模式,而是十分贴切而真实地反映了用户个人内心真正的想法。

Folksonomy 的功能模式如下。

根据语义网本身的结构特征,通过信息节点彼此之间相互联系所包含的信息,可以挖掘其中的信息资源组织、信息资源发现机制以及信息资源的管理模式[112,113],如排队、信息聚类和推荐功能等。

(1)Folksonomy 可以利用标签对个人用户所拥有的资源的内容和含义进行标注,为用户查找和应用相关内容提供了很大程度的便捷性,与此同时,其他用户也可以通过标注共享此类资源信息,这使得普通用户也拥有了网络信息资源的组织能力。

(2)Folksonomy 可以为个人用户提供对于所要查找的信息资源基于标签的检索、浏览和定制等多种不同的功能。在信息化社会资源数量极其庞大复杂的环境下,自由标注法可以对用户发现感兴趣的信息内容提供帮助,其中既包括用户已经意识到的兴趣,也包括用户尚未意识到的兴趣[114]。特别是后者,Folksonomy 平面、松散的体系为用户提供了更加自由的信息空间。

(3)在整个系统层面,Folksonomy 具有聚合社群的功能。自由标注法能够以用户关注的内容为依据,帮助用户检索和浏览到与自己具有相同或者类似的思想的其他用户,以至于在基于标签的基础上形成独具特色并且相互关联的社群[115]。同时,自由标注法还能够在众多不同的社群之间建立起一种联系,这种联系是指对同一事物的知识认识,并且通过标签词汇的变化,自由标注法能够反映出网络虚拟社会中的热点舆论信息或者爆发热点信息,并且这种反映更加及时有效。

(4)Folksonomy 能够实现共享和贡献。用户在虚拟网络社交系统中希望能够和其他人分享自己的心情、感受和生活等,在看到有价值的信息资源和知识时,也会有向别人推荐的想法,这时就会对资源进行标注,为其提供合适的标签。这样,当其他用户浏览时，就方便了其他用户发现这些资源。由此可见，Folksonomy 为用户提供了一个共享和贡献的平台。

（5）Folksonomy 激励用户发现资源。自由标注法的参与者是全部网络用户，因此标注对象的每部分都可能被关注到，这样，对资源的标识就会更加全面、彻底。另外，标注使用语言是自由丰富的，用户可以自行发挥，对同一事物进行丰富的描述。Folksonomy 可以通过标签整合相似的信息内容，帮助用户发现感兴趣的信息知识。传统的资源组织方式只重视资源的核心价值，而自由标注法实现了对细节的挖掘，更有利于资源的利用与传播。

（6）给元数据的启示。Folksonomy 可以看作一种新的元数据，并对元数据进行了增值，简化了操作和使用方法，标签云可以随时显示标签的变化情况。虽然自由标注法还存在一些不足，但为元数据的制定提供了一定的价值。

Folksonomy 是数量庞大的标签的集合，它能够通过指定的标签把网络信息空间的所有相似或相关信息内容整合到一起，Folksonomy 也为用户提供了强大的浏览、定制等功能，为用户节省了搜索成本，当用户不太明确自己的搜索目的时，Folksonomy 的标签云为他们提供了便利，使搜索变得更加快捷。

2.3.3　应用

继对 Folksonomy 概念和机制的研究之后，研究者把目光转向了对实例数据的统计分析，最突出的工作就是他们从 Del.icio.us 或 Flickr 的数据集合中抽取数据，一般采用用户、资源和标签三种作为样本。在统计分析的过程中，研究者往往能够发现标签词汇的语言特征，用户、资源和标签之间的关系等。这些实例研究帮助研究者更加深刻地了解到 Folksonomy 的特征、功能以及现阶段存在的问题。慢慢地，一些学者不再满足于单独研究 Folksonomy，而是把它放在具体的应用领域中进行更深入的研究。

通过 Folksonomy 的特征，可以看出 Folksonomy 使得传统分类法在网络环境中得到了拓展，现在应用于网络书签、视音频或图片分享平台、Blog、E-mail 管理等领域。随着 Folksonomy 的广泛应用，其自身所具有的商业价值开始凸显出来。在当下信息时刻大量更新的背景下，只有多个公司互相合作制定出一个统一的分类方式才能有效及时地分类整理不断更新的信息。

Amazon 是一个基于 Folksonomy 方法的特色信息推荐系统，由 Amazon 网站自身开发。基于这种思想，它允许已注册用户对查看的商品添加标签甚至是进行相关评论，并且系统可以以用户的浏览历史和标签使用倾向自发地进行其他商品的筛选推荐或弹出推送通知。同时，当用户查看某一个商品的时候，Amazon 系统还会自动显示其他浏览过该商品的用户，包括他们还看过哪些其他的商品，并且还会自动向用户推荐浏览相关的商品。

值得注意的是 Folksonomy 的应用实践已经开始在国内外的很多图书馆开展，

Folksonomy 思想已经在图书馆信息资源组织和服务中表现出巨大的应用前景，我国上海图书馆 2005 年启动的上海年华数字图书馆项目，融合了 Folksonomy 思想，并结合了部分 Web 2.0 技术，在对图片资源进行语义标注时，标引人员可以毫无限制地选择词语设置成标签词汇，并应用标签云来呈现信息资源。使用 Folksonomy 标签与本体相结合也是应用的热点之一，以骨架法标签本体构建为例，图 2-2 表明了构建的方法与过程。

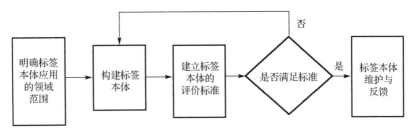

图 2-2　骨架法标签本体构建方法

2.4　网络信息传播

2.4.1　概念及内涵

网络信息传播的概念是关系到作为一门学科的网络信息传播的研究对象的首要问题。目前有关网络信息传播的研究主要来自新闻传播学和信息管理两个领域。新闻传播学领域倾向于使用"网络传播"，关注的内容也都局限于新闻行业的网络传播方向。而在信息管理领域的研究中，学者更习惯使用"网络信息传播"这个名称，所探讨的内容也更加广泛[116-119]。

我国学者对网络信息传播进行了很多方面的探索，其中，匡文波提出网络信息传播就是以计算机网络为工具进行的一种人类信息传播活动。网络信息传播实现了一种新型的社会互动关系，在数字化信息传递、交流与共享的过程中，用一个虚拟的社会空间形成了现实社会的人们之间的联系，与现实社会的社交关系形成了互补与完善，从某种角度来看，它推动了社会的发展与进步[120,121]。网络信息传播的基本模式如图 2-3 所示。

由此可知，网络信息传播的内涵可以从以下两方面进行理解。

（1）网络信息传播与社会环境相互影响，在传播的过程中，同时受技术、经济和社会多方面的影响。

（2）网络信息传播过程中形成的虚拟空间的网络社交关系在一定程度上是社会关系的体现。

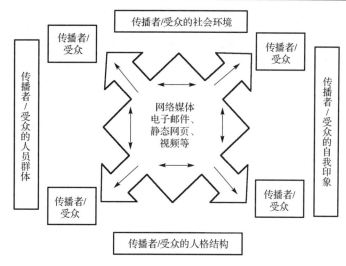

图 2-3 网络信息传播的基本模式

2.4.2 特征与功能

传统的信息传播方式是点对点，大众媒体的传播方式多是点对面，而网络信息传播则提供了一种全新的信息传播方式，网络信息传播吸收了传统信息传递和大众媒体传播的优点，创造出了一种具有独特性质和运行方式的传播方式。采用互联网传播信息，人们不仅可以随时获得想要的各种鲜活的信息，还可以通过电子邮件和他人进行交流与沟通。网上空间具有复杂性、开放性和交互性，在空间中，信息具有可传导性，这样就形成了传播和反馈之间复杂的依附关系[122]。

网络信息传播的特征有以下几点。

1）网络传播模式的复合性

网络信息传播的模式和传统信息传播不同，其以受众范围为划分依据，可以分为四类：自身传播、人际传播、组织传播和大众传播。网络信息传播复合了信息传播的模式，它整合了各种信息，拓宽了信息传播的深度与广度，将点对点、点对面、面对点、面对面几种信息传播模式综合在了一起，信息传播的形式更加自由。作为新型信息传播模式，网络信息传播体现出了复合性的优势。

2）传播途径的多样性

（1）网络人际传播途径：①电子邮件，这种非即时的信息传递方式是互联网上人们进行信息传播最常用的方法，为人们在网络上的信息传播提供了极大的便利；②即时通信，这种即时的在线沟通信息的方式为我国互联网信息传播过程中第二大受欢迎的途径，常用工具有 QQ 等；③网络电话，这种兼具传送视频、语音和数据文件的方式正逐渐被网民应用。

（2）网络组织传播途径：①论坛，是成员有效地分享、交流经验心得的途径；②聊天室，为广大网民提供了聊天平台。

（3）网络大众传播途径：①网站，作为网络大众传播信息的主要途径，大大小小的网站为个人、组织与国家机构所用，网站成了网络时代信息传播的主渠道；②博客，新兴的个人信息平台，近年来政府机关关注较多；③微博，是新兴的更加便捷的信息传播平台，其与微信都是信息个性化时代的产物。

3）传播内容的丰富性

在漫长的社会发展过程中，人类传播信息的手段发生了巨大的改变，语言传播、文字传播、印刷传播、电子传播等种种手段都推进了信息的传播与交流，作为电子传播的一种，网络信息传播的一大特征就是内容的丰富性。

4）信息传播的即时性

作为新兴电子媒介，及时性和即时性都是其突出的优点，网络具有发布简单、传播迅速的特点。而作为传统的信息传播媒介，报纸、广播与电视等都无法与网络信息传播相媲美。信息一旦由网络传播，就会在世界范围形成一个共享，成功地突破了地域限制。

5）传播操作的交互性

网络信息传播克服了传统信息传播媒介的缺陷，提升了信息发送者与信息接收者之间的交互性，传统信息传播时，信息发送者"推送"出信息后，接收者反馈的途径有限。而网络信息传播则大大提高了信息传播的交互性，民众可以在"推""拉"信息的角色中很好地转换。

6）传播人员具有广泛性

由于网络信息传播方便快捷、交互性强，民众积极参与信息传播的过程中，每个网民都可以扮演信息传播的角色，所以伴随着网民数量的增长、网民层次的延伸，网络信息传播人员也越来越广泛。

网络信息传播在传播过程中存在与传统传播方法不同的地方：首先，由单一接收者角色转向双向或多向，传播与接收的界限模糊，受众角色不确定；其次，从传播者的信息推入到接收者的信息拉出，网络信息传播采用受众自主点菜式，这样受众就可以自由地拉出信息，形成了与传统信息传播截然不同的受众观；还有，接收者可以拥有获取信息和发布信息的双重身份，与传播者处于平等的地位；最后，网络信息传播中传播与接收二者相互依赖，都向彼此提出了更高的信息应用要求[123-126]。

2.4.3　构建方法与技术

我国学者在研究网络信息传播模式中各抒己见,纷纷提出了有参考价值的观点,其中针对传播模式比较有代表性的成果有以下三个:网络模式、阳光模式和整体互动模式[127-129]。

网络模式由王中义等提出。在网络信息传播中,计算机网络呈网状分布,网络传播没有中心,也没有边际,因此也就不存在覆盖面的问题。网络传播中,每个传播主体都有传播者和接收者两个身份,在传播主体选择媒介和内容时,传播主体会受到社会环境、所处群体等多方面因素的影响[130]。由此可见,网络传播较之传统传播模式,具有多种传播模式融合、平等性强等特点。

由邵培仁学者提出的阳光模式是指用宏观的眼光抽象出的,通过信息交换中心将各个信息系统连接在一起创造信息、分享信息的形式[131]。阳光模式包括六要素和四因素。其中六要素是指:终端机、信息源、信息交换设备、信息库、大众媒介和社会服务。终端机包括个人计算机、传真机、自动打印机等;信息源是指获取信息的各种渠道,如新华社新闻信息系统、路透社经济信息系统,也包括电子产品和音像制品生产、制作中心及场所;信息交换设备是网络传播的枢纽,要求容量大、性能高、线路多;信息库包括印刷资料库和各种科研资料库;大众媒介是指网络与传统媒体结合在一起形成的新型大众媒介,如网络报刊、书籍等;而计算机购物购票系统、社会咨询系统等都是社会服务[132]。四因素指的是在网络传播中形成的经验因素、环境因素、价值因素和规范因素。阳光模式还存在一定的缺陷,但随着科技的进步和对传播认识的深入,阳光模式一定会得到进一步的完善。

整体互动模式对对象的认识既是整体的又是互动的。整体互动模式摒弃了传播的单向性和被动性,突出了传播的双向性和能动性[133]。在实际研究中,我们将整体看作互动因素的整合,将互动看作整体形态的部分,二者的有机结合全面呈现了人类传播活动,也为传播研究提供了一个辩证分析的模式。

网络信息传播的平台是一个技术平台,网络信息技术是保证网络信息有效传播的基础,网络信息技术是一个完整的体系,它渗透到传播的每一个层面。正是因为产生了网络技术,才有了网络传播的诞生。想要做到有效传播,就必须对网络信息进行有序化控制,这是网络信息有效传播的基础。另外,网络信息传播的技术控制也要体现出以用户为中心的理念。

2.5　本 章 小 结

本章详细描述了微博信息管理的现状,系统阐述了微博信息组织、传播管理的主流技术,重点讲解了后面研究要用到的本体技术、Folksonomy 技术和网络信息传播技术,进而分析微博信息管理面临的技术问题。本章是后续各章的理论基础。

高级篇：本体在网络（语义网）信息检索中的应用

第3章　语义网信息检索中本体自动构建的研究

微博使用环境属于典型的语义网，提升微博信息管理的语义性能有效地解决现有管控难题，而本体又是语义网信息建模的主要工具，本书力图使用本体技术提升语义性来解决微博信息管理存在的问题。基于上述认识，在对现有语义网信息检索模型进行充分研究的基础上，作者结合自身提出的语义网本体自动构建理论和改进的匹配模式，提出了基于本体自构的语义网信息检索模型，为后面本体在微博中的应用打下基础。

语义网环境中资源由于具有动态性、自治性、海量性等特点，语义网信息检索中如果只采用简单的关键字搜索方法，虽然能够满足人们对语义网的基本需要，但是由于无法提供足够的灵活性和推理能力，在查全率和查准率上很难有好的表现，很难发挥语义网信息检索的真正能力，检索结果难以令人满意。这种缺少灵活性的方法，必然在语义网技术高速发展中难以为继。由于本体应用便于信息共享和交换，能够提高效率、节约成本、提高系统可靠性，所以语义网中本体技术的融入恰恰能够在相当大的程度上改变上述困局，对语义网的搜索和查重有足够的准确率。

要使用本体技术，首先得建立语义网本体。本章通过分析本体的实质，结合语义网技术自身的特点，发现语义网本体的自动化构建在理论上是完全可行的。

3.1　语义网信息检索中引入本体构建技术的目的

语义网资源极为丰富，语义网信息检索能给人们提供属于不同的组织、跨越不同的领域、满足各自不同的资源约束的各种资源，极大地满足了人们的需要。但是语义网信息检索给人们带来方便的同时，也带来了突出的问题：语义网环境下信息资源的异构。语义网的初衷是要充分地吸纳各种计算资源，并将它们转化为一种像人们用电一样方便的计算能力，由此可见，语义网要面对的是一个庞大的彼此异构的资源服务群。为了在语义网中将这些异构的资源服务集成起来，使其能够最大限度地发挥作用，就必须解决以下三个问题。

（1）如何在不同的语义网信息模式间进行模式转换。

（2）如何对语义网实现查询转换，即如何把查询统一标准化。

（3）如何对语义网中异构的或半结构化的甚至非结构化的数据进行存取、操纵，从而获取需要的信息。

在现有的语义网系统中却不能很好地解决这几点，如 Globus 系统中用来进行信息查询的多维标度（Multi-Dimensional Scaling，MDS）分析和通用描述、发现与集成（Universal Description Discovery and Integration，UDDI）服务组件就是其中最典型的两个例子。MDS 和 UDDI 都只支持简单的查询方式，即它们只支持关键字和分类查询，这种方式的缺点在第 2 章中已进行了叙述。

本体技术的融入恰恰解决了这个问题。本体技术利用自身的能力，为解决语义网中信息资源的异构问题提供了一条有效的途径。其本质是通过描述语义网中的概念以及概念之间的关系，在共享的范围内具有大家共同认可的、明确的、唯一的定义。这种"规范说明的能力"，不仅实现了某种程度上的知识共享和重用，使人机之间以及机器之间就可以进行交流，而且有效地解决了语义网环境下信息资源的异构问题，近年来受到了计算机界、情报界的重视。目前，本体已经广泛应用于语义Web、智能信息检索、信息集成、数字图书馆等领域。

3.2 语义网本体建模中用到的其他技术

1）描述逻辑

描述逻辑是一种知识表示语言，它以结构化和易理解的形式表示领域知识。描述逻辑（description logic）是基于对象的知识表示的形式化，它吸取了 KL-ONE（Knowledge Language-ONE）的主要思想，是一阶谓词逻辑的一个可判定子集。除了知识表示，描述逻辑还用在其他许多领域，它被认为是以对象为中心的表示语言的最为重要的归一形式。描述逻辑的重要特征是很强的表达能力和可判定性，它能保证推理算法总能停止，并返回正确的结果。在众多知识表示的形式化方法中，描述逻辑在十多年来受到人们的特别关注，主要原因在于：它们有清晰的模型——理论机制；很适合通过概念分类学来表示应用领域；提供了很多有用的推理服务。描述逻辑系统包含 4 个基本组成部分：表示概念和关系的构造集；蕴涵断言术语公理 TBox；实例断言集 ABox；TBox 和 ABox 上的推理机制。

2）Jena 开发包

Jena 提供的本体开发包是开发本体的一个组件，开发本体时用于创建和操作RDF 图，为用户操作使用 RDF 表达的本体提供了一系列的类和接口，它包含了主要的接口或类。而它最主要的功能是利用分析如该包中的 OWL 类，对本体文件进行解析。本体文件的解析包括本体中类的解析、本体中属性的解析、本体中约束的解析等，解析出公共类或者特定信息，这些公共类用良好的词汇定义了本体中类和属性的静态对象及动态对象。

3.3　语义网环境下本体的自动构建理论

3.3.1　语义网本体自动构建的基本思想

传统的语义网本体的构建主要是依据领域专家构建的语义网本体库。但是由于语义网本体具有分布性、异构性、动态性、自治性等特点，不能把领域专家的意愿强加到资源上，而且这种方式的低效和主观性无视了语义网本身的特点。实际上，语义网自身的特点为语义网本体的自动构建提供了可能。

针对语义网环境下信息检索的目标，充分发挥语义网自身的自动构建能力，加强对 UDDI 注册信息和轻量级目录访问协议（Lightweight Directory Access Protocol，LDAP）信息的使用，在充分发挥语义网能力的基础上构建语义网本体，这就是本章提出的语义网本体的自动构建理论。根据需要，本章把需要构建的本体分为两种：一种是语义网资源本体，也就是领域本体，它包括特定领域本体的相关知识；另一种是语义网服务本体，主要包括语义网提供的各种服务的信息，如类型参数及其相关操作类。本章提出了一系列方法来分别建立两种类型的本体，并分别存放到相应的本体库中。

3.3.2　语义网本体自动构建的原则

在语义网本体自动构建的过程中，我们要在结合语义网自身能力的基础上，注意以下构建原则。

（1）充分发挥语义网能力的原则。语义网自身提供的各种信息和服务为语义网本体的自动构建提供了可能。本章的主旨是充分发挥语义网自身的自动构建能力，包含使用 UDDI 注册信息和 LDAP 信息来构建语义网本体。

（2）分类构建的原则。根据需要，本章把需要构建的本体分为两种：一种是语义网资源本体；另一种是语义网服务本体，本章对这两类本体分别建立，分类存储。

（3）充分复用的原则。本章在建立领域本体后，利用领域本体来构建语义网服务本体，充分发挥了语义网领域本体的复用能力。

（4）自动构建原则。本章提出的是一种在语义网环境下自动构建本体的思想，有效地缓解了依靠领域专家建立语义网本体的困难性。

（5）本体大小适度原则。语义网本体在充分表达语义信息的基础上，本体中包含的概念数目应该尽可能最小化、尽可能将冗余去除。

（6）动态性原则。语义网资源发现模块使用语义网中的监控功能，动态地发现和更新资源信息，随时更新已有的本体。

3.3.3　语义网本体自动构建方法的选择

根据语义网环境的特点，本章采用骨架法和七步法相结合的方式开发语义网本体。具体过程如图 3-1 所示。

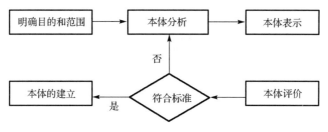

图 3-1　语义网本体建模方法

具体步骤如下。

（1）确定语义网本体的范围。首先确定域和范围，即明确本体所覆盖的领域、本体建模的目的是什么、用于解决哪些问题。

（2）语义网本体分析。分析语义网本体的结构，确定哪些信息需要从 UDDI 注册中心和 LDAP 服务器中抽取。

（3）定义语义网本体中的类和类的层次。从概念出发，根据选择概念的方式不同，具体问题具体分析。

（4）抽取定义类的属性。仅有类是不能够全面描述本体的，因此在类的基础上还应描述概念间的内部结构。

（5）定义属性面。属性通过分面（facet）来描述属性的取值类型、取值范围和取值个数，以及其他一些属性值的规范化特征。

（6）考虑复用现有的本体。有必要考虑复用现有的本体，以节约开发周期和开发成本。

（7）创建本体实例。创建层次结构中类的实例，即对于给出的一个类，创建该类的实例，并添加该类的属性值。

（8）本体评价。通过实验来检验本体构建的效果。这部分内容将在第 7 章实证部分进行验证。

3.4　语义网领域本体库的自动构建

领域本体是对领域概念化的显示说明。语义网领域本体用来描述语义网中的概念及概念之间的关系，包括语义网环境中知识的类型、术语和概念等，另外，通过约束语义网环境下的知识的结构和内容，从而有效、结构化、无歧义地描述语义网中的具体知识。语义网领域本体是针对特定领域的一个层次结构的概念系统，其建设的核心是建立本领域内共同认可的共享知识库，从而为应用建立基础。语义网领域本体层次中的概念元数据根据一个基于属性、概念、语义联系的模型进行组织，其具体模型如图 3-2 所示。

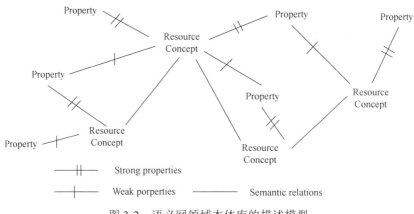

图 3-2　语义网领域本体库的描述模型

通过图 3-2 可以看到，语义网中的领域本体呈现的是一种树状结构或者图状结构，以计算机本体来举例，它的领域本体结构如图 3-3 所示。

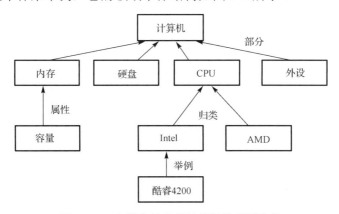

图 3-3　一个简单的有关计算机的领域本体

3.4.1　语义网领域本体自动构建的信息需求

构建领域本体库的关键就是搜集领域本体的相关信息，并以合适的形态存储在语义网领域本体库中。领域主体的构建是一项极其艰巨的任务，如何应用知识获取技术来降低本体构建的开销目前也是一个很有意义的研究方向。语义网领域本体是用来描述语义网中的资源的。本章把常用的资源描述抽象成一个模型，发现构建语义网领域本体需要知道以下信息：资源的常规描述信息、资源性能信息、语义网资源之间的关系。通过对语义网的深入研究，我们发现这些信息绝大多数可以从语义网监控模块中的 LDAP 服务器中获得。而其他的需求信息也可以利用 LDAP 的开放性，通过增添 LDAP 的内容而获得，具体过程如图 3-4 所示。这样一来，利用语义网监控模块中的 LDAP 信息构建语义网领域本体在理论上成为可能。

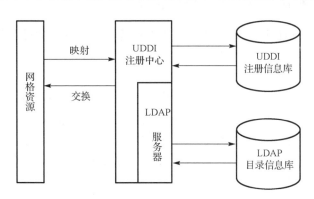

图 3-4　语义网本体构建的信息来源

3.4.2　语义网环境下的 LDAP 目录服务

　　LDAP 目录中可以存储各种类型的数据：电子邮件地址、邮件路由信息、人力资源数据、公用密钥、联系人列表等。通过把 LDAP 目录作为系统集成中的一个重要环节，可以简化检索系统内部查询信息的步骤，甚至连主要的数据源都可以放在任何地方。LDAP 能够定义完善的信息模型、命名模型、功能模型和安全模型，同时具备良好的目录模式、目录访问协议、应用程序编程接口和数据交换格式，LDAP 目录服务就是用一个特殊的数据库存储资源信息，将各种资源信息在目录树结构中分层存储，提供一个单一的逻辑视图，允许用户和程序透明地访问网络上的各种资源，其体系结构不依赖于任何特定的操作系统平台和硬件平台。

　　这也是语义网技术的初衷，LDAP 的这种特性在语义网应用中会带来很多好处。在语义网环境下，LDAP 作为语义网监控模块 UDDI 注册中心中一个子组件存在。

　　LDAP 技术中最核心的是 LDAP 和 LDAP 服务器。目前流行的标准协议是 LDAP，它是基于 X.500 标准的，但是简单多了，并且可以根据需要定制。与 X.500 不同，LDAP 支持 TCP/IP，这对访问 Internet 是必需的，也是语义网服务所必需的。LDAP 的核心规范在 RFC（Request for Comments）中都有定义，所有与 LDAP 相关的 RFC 都可以在 LDAPman RFC 网页中找到。

　　LDAP 服务器，位于语义网监控模块 UDDI 注册中心中，可以用"推"或"拉"的方法复制部分或全部数据，复制技术是内置在 LDAP 服务器中的，而且很容易配置。

因为 LDAP 目录可以定制后用来存储任何文本或二进制数据，到底存什么要由用户自己决定。LDAP 目录用对象类型（object classes）的概念来定义运行哪一类的对象使用什么属性。在几乎所有的 LDAP 服务器中，用户都要根据自己的需要扩展基本的 LDAP 目录功能，即创建新的对象类型或者扩展现存的对象类型。

3.4.3　语义网环境下 LDAP 信息的存储

语义网采用 LDAP 目录服务技术来监控资源动态，其实质就是用对象技术和层次方式显示系统的各种资源，然后把监控信息存储到 LDAP 信息库中，以便用户随时使用，同时为用户提供了一个语义网资源的统一逻辑视图。LDAP 服务器逻辑上采用了集中式管理和访问控制，支持资源信息的分布存储和备份，为访问语义网环境下的巨量、动态和异构的资源信息提供了统一的访问机制。

LDAP 服务器监控得到的语义网信息采用树状层次结构，以树状结构中的基本数据单元作为条目，存储在 LDAP 信息库中，信息格式如图 3-5 所示。

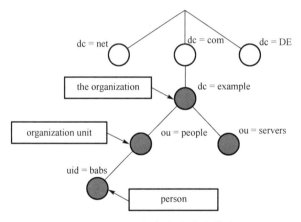

图 3-5　LDAP 信息库中信息格式

图 3-5 中，dc 为一条记录所属区域；ou 为一条记录所属组织；uid 为一条记录的 ID。

LDAP 目录以树状的层次结构来存储数据。LDAP 目录树的最顶部就是根，也就是所谓的"基准 dn"。在根目录下，要把数据从逻辑上区分开。因为历史上的原因，大多数 LDAP 目录用 ou 从逻辑上把数据区分开。ou 表示"organization unit"，在 X.500 协议中用来表示公司内部的机构：销售部、财务部等。现在 LDAP 还保留 ou=这样的命名规则，但是扩展了分类的范围，可以分类为 ou=people，ou=groups，ou=devices 等。更低一级的 ou 有时用来进行更细的归类。

在 LDAP 目录中的所有记录项都有一个唯一的"distinguished name"，也就是 dn，即一个条目。条目的 dn 由条目和它的所有上级条目的相对辨识名按顺序排列而成。每个条目由属性构成，属性中存储有属性值。每一个 LDAP 记录项的 dn 是由两个部分组成的：相对 dn(rdn) 和记录项在 LDAP 目录中的位置。rdn 是 dn 中与目录树的结构无关的部分。在 LDAP 目录中存储的记录项都要有一个名字，这个名字通常存在 cn(common name) 这个属性里。因为几乎所有的东西都有一个名字，在 LDAP 中存储的对象都用它们的 cn 值作为 rdn 的基础。LDAP 目录以一系列"属性对"的形式来存储记录项，每一个记录项包括属性类型和属性值（这与关系型数据库用行和列来存取数据有根本的不同）。

3.4.4　基于 LDAP 的语义网领域本体的自动构建

用 LDAP 存储各种类型的数据对象，只要这些对象可以用属性来表示。这与语义网领域本体的结构极为相似，语义网领域本体的结构在前面已有描述。

对比图 3-3 和图 3-5 可以看出，LDAP 目录结构与本体都是树状结构，根据这个特点可以把领域本体的构建与 LDAP 目录结构描述联系起来，如果把图 3-5 中硬盘的 dn 改为：cn=硬盘，ou=计算机。那么图 3-3 和图 3-5 几乎拥有一样的存储结构。

在这个背景下，利用语义网中间件可以将存储到 LDAP 的层次结构中的信息结构化地形成语义网领域本体。在 LDAP 树状层次结构中，较高的节点表示较抽象的本体概念，底层的叶节点可以表示较具体的本体概念。具体构建过程如图 3-6 所示。

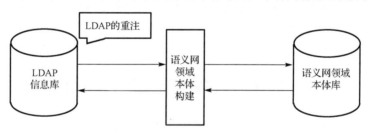

图 3-6　语义网领域本体的自动构建

需要注意的是，语义网领域本体是现有语义网资源抽象而成的，由于语义网资源的动态性和自治性等特点，在以 LDAP 目录系统为核心的语义网信息检索中，不仅要从 LDAP 的各个节点抽取语义网领域本体中通用本体的概念类的元数据信息以及节点属性，而且除了 LDAP 系统要求的这些属性，为了详尽地描述语义网资源，语义网领域本体还需要 LDAP 增加描述专用的语义网领域本体概念的元数据信息属性，如语义网领域本体的来源（节点地址）、状态（是否可用）、基本属性列表（标识本体概念的属性集合）等。这些信息的抽取由于 LDAP 的开放性可轻而易举地实现，LDAP 目录服务用来对全局索引信息进行组织和管理，它能够对物理上分布的索引信息进行统一管理，同时保持这些索引信息在逻辑上的一致性和完整性，这样也保证了语义网领域本体所特有的动态性，从而实现语义网领域本体的自动构建。

语义网资源管理系统中的核心部件是 LDAP 元数据信息库，用来描述语义网信息的目录结构，其每个叶节点都含有描述语义网领域本体概念的元数据信息。从外形上看，所有的叶节点都属于同一个语义网的对象类 GNode，它是虚类 Top 的子类。其扩充后的 LDAP 信息和语义网领域本体的对应关系如下。

```
Class Node Subclass of Top
{
     Name/语义网领域本体名
     ID /语义网领域本体标识符
     …
     Otherneed List /语义网领域属性列表
     Gstate /语义网领域本体的状态
     Source /语义网领域本体的映射地址
}
```

这样扩展后，新添加的项目能够很好地描述语义网资源的特点，动态性和实时性的要求也得到满足。Otherneed List 列出一组语义网本体所必需的基本特征的属性组，用来满足语义网领域本体的完整性；Gstate 描述对应该概念是否可用；Source 描述对应该概念所属节点地址。

本章把完成扩展后的 LDAP 重新注入，用来实现语义网领域本体的自动构建。语义网领域本体构建完毕之后，通过 OWL 存储在领域本体库中，形成较为完整的语义网领域本体库，这种方法为实现基于语义的空间信息系统集成和互操作开辟新途径。

3.5　语义网服务本体库的自动构建

语义网技术的发展，开放网格体系结构（Open Grid Services Architecture，OGSA）语义网思想的出现，为语义网的应用提供了新的发展契机。在这种框架下，人们把语义网中所有的一切都抽象为服务，这种思想体现了以服务为中心，语义网系统中所有的计算资源与存储资源、网络与程序、数据库与各种仪器都由服务描述出来，尤其是 Web 服务资源框架（Web Services Resource Framework，WSRF）的发布进一步实现了语义网与 Web 服务的有效融合，有人预言它们的融合会给语义网的发展带来革命性的变化。新一代的语义网结构将采用 Web 服务计算模型作为其基础架构，进一步融合语义网技术和 Web 服务技术。

3.5.1　语义网服务本体

在上述思想下，语义网变成了语义网服务的集合，要描述语义网，就要建立语义网服务本体。

虽然语义网服务是基于 Web 服务的，但又不尽相同，其在概念和服务上有了很大的变化。虽然信息科学领域都承认语义网服务实际上是由一个资源和一个使用该资源的 Web 服务组成的，但是 Web 服务是无状态的，而语义网中的资源却是有状态的。现有的语义网服务本体的构建方式就是通过对传统无状态的 Web 服务进行扩展形成语义网服务，具体过程就是引入了有状态的资源的描述。

目前语义网服务本体的模型是在 Web 服务本体构建的基础上扩充而来的。这方面的学者在分析 Web 服务本体的基础上，认识到语义网服务本体分别由 Service-Profile、Service-Model 和 Service-Grounding 三个属性构成。这三个属性分别描述了其用本体描述的 Web 服务可以做什么、怎么做和如何使用服务等信息。所以目前最常见的语义网服务本体的构建方式是在 Service-Profile、Service-Model 和 Service-Grounding 这三个 Web 服务本体属性的基础上加入有状态的资源的描述，形成语义网服务本体的具体描述，构成所谓的 GridService-Profile、GridService-Model 和 GridService-Grounding，自下而上地构造语义网服务本体。这三个属性构造了语义网服务本体的具体描述。图 3-7 描述了传统语义网服务本体的构建过程。

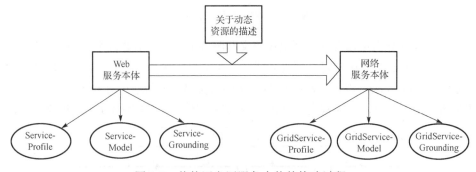

图 3-7　传统语义网服务本体的构建过程

3.5.2　语义网服务本体的形式化描述分析

目前，语义网领域的专家和学者对语义网服务本体的认识已几乎达成共识，如果用服务的思想来描述语义网服务本体，那么语义网服务可以用一个五元组 GS_i(GP, GI, GO, ST, QoS)来表示。

（1）GS_i 表示语义网服务的标识，用来标识一个语义网服务，i 是标号。

（2）GP 表示此语义网服务的基本情况描述，其中的信息描述了语义网服务的名称和功能。

（3）GI 表示语义网服务的输入集合。

（4）GO 表示语义网服务的输出集合。

（5）ST 表示语义网服务的状态，一般用五个形态表示服务在执行过程中所处的状态：睡眠、就绪、挂起、运行和停止。

（6）QoS 是语义网服务质量的描述。语义网服务质量主要包括服务的运行成本、响应时间等非功能属性。

在存储时，一般用根据 OWL 扩充而成的 OWL-S 对语义网服务本体进行描述，OWL-S 通过增加语义网服务特有的特性的描述，使其在语义网服务本体语义描述方面具有先天优势。如果把语义网服务在形式上看作对语义网关于 Web 服务的扩展，那么 OWL-S 就是对 OWL 关于 Web 服务的扩展。

构建后的语义网服务本体的结构如图 3-8 所示。

图 3-8　语义网服务本体的结构组成

通过上面的分析可以发现，要描述语义网服务本体至少需要四个方面的信息，即属性语义、操作方式、调用映射、调用方式。在 OWL-S 中，这四个方面的信息分别通过 Profile、Process、Grounding、WSDL 四个文件来获得。下面通过对 OWL-S 描述的语义网服务本体进行分析，发现构建一个语义网服务本体至少需要图 3-9 中的语义网信息。

图 3-9　语义网服务本体构建需要的信息描述

需要注意的是本章为使 OWL-S 描述语言能够适应瞬时服务的状况，引入一个布尔型属性 beTransient 对 GridService-Profile 进行扩充，另外加上描述参数名称的 ParameterName、表示对输入和输出参数的约束的 RestrictedTo、表示过程模型的 GridService-Model 等。所有对语义网服务能力的描述都将遵循此定义，扩展后的 GridService-Profile 的 OWL-S 描述如图 3-10 所示。

```
<owl: Class rdf: ID = "GridServiceProfile">
    <rdfs: label>GridSerViceProfile</rdfs: label>
    <rdfs: subClassOf rdf: resource = "http://www.daml.org/services/owl-s/1.0/
        Profile.owl#Profile"/>
    <rdfs: comment>Definition of GridService Profile
    </rdfs: comment>
    </owl: Class>
    <owl: DatatypeProperty rdf: ID = "be Transient">
    <rdfs: domain rdf: resource = "#GridServiceProfile"/>
    <rdfs: range rdf: resource = "http://www.w3c.org/2001/XML Schema. xsd#
boolean"/>
</owl: DatatypeProperty>
<owl: ObjectProperty rdf: ID = "hasServiceData">
    <rdfs: domain rdf: resource = "#GridServiceProfile"/>
    <rdfs: range rdf: resource = "#ServiceData"/>
</owl: ObjectProperty>
<owl: Class rdf: ID = "ServiceData">
    <rdfs: subClassOf rdf: resource = "http://www.daml.org/services/owl-s/1.0/
        Process.owl#Parameter"/>
<owl: Class>
```

图 3-10　扩展后的 GridService-Profile 的 OWL-S 描述

3.5.3　语义网服务本体自动构建过程

通过前面的分析可以看到，构建语义网服务本体所需的参数如图 3-10 所示。通过前面对 LDAP 目录信息的分析，可以看到其中许多信息已经用来构建语义网领域本体，其他的信息也可以从 UDDI 语义网服务注册中心获得，这些信息的获得为语义网服务本体的构建奠定了基础。

本章提出的语义网服务本体的构建是建立在对语义网服务本体描述信息分析的基础上的。通过分析，可以看出用来描述语义网服务的语义网服务本体，实际上是以下两种本体的拆分与重组。

（1）语义网领域本体。这种本体对其包含的所有数据类型进行了语义描述。在领域本体中，每一个概念和它的子概念都描述了一个能作为函数输入、输出参数的数据类型。

（2）语义网功能本体。此类本体对其所包含的所有功能都进行了语义描述。在功能本体中，每一个概念和它的子概念都描述了一个功能及具有语义的名称。这些信息一般都在 UDDI 中存储。

所以，构建语义网服务本体的信息可以从语义网领域本体的解析和 UDDI 注册中心获得，甚至简单的语义网服务本体就是一个语义网领域本体。下面对基于语义网领域本体和 UDDI 服务注册中心的语义网服务本体的构建过程进行描述。

简单的语义网服务本体，就是一个描述资源的语义网领域本体，其早已存储在语义网领域本体库中。我们只需要实现对应属性的传递，同时把其格式转化为语义网服务本体即可。

较为复杂的语义网服务本体，其构建信息可能除了需要某个或者某些语义网领域本体的整体或者部分信息，其他构建信息可从 UDDI 服务注册中心获得。图 3-11 就显示了语义网服务本体部分信息和 UDDI 服务注册中心信息的对应。

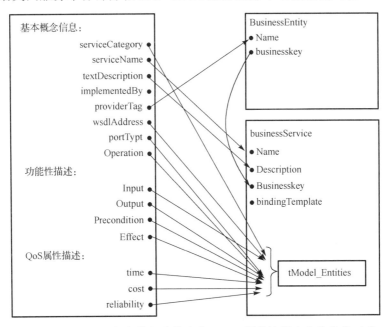

图 3-11　语义网服务本体部分信息和 UDDI 服务注册中心信息的对应

如果需要把语义网领域本体的全部信息或者部分信息用来构建语义网服务本体，那么就需要用到本体映射技术。利用本体映射技术把语义网领域本体中的全部或者部分概念及关系映射到语义网服务本体中，就需要把 OWL 文件转化成 OWL-S 文件，在技术上具体使用 Jena 工具包来实现 OWL 文件的解析，本书将在实证部分介绍该过程。基于语义网领域本体和 UDDI 服务注册中心的语义网服务本体的具体构建过程如图 3-12 所示。

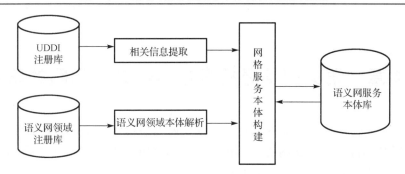

图 3-12　语义网服务本体的构建过程

需要注意的是，有些 OWL-S Profile 中的功能描述在 UDDI 中和语义网领域本体中没有对应的描述元素，必须采用 tModel 结构映射某些信息来获得。语义网服务本体构建完成后，存储在语义网服务本体库中，用 OWL-S 存储。

本章方法由于在最小约束的原则下构造，实现了与目前提倡的循环构建法的结合，构建的自动化和充分利用语义网自身性能是本章方法的最大优点。

3.6　本　章　小　结

本章针对现有语义网本体构建需要领域专家参与，其采用人工或者半自动的方法效率低的问题，在充分分析利用现有本体技术的基础上，结合语义网技术自身的特点，提出了通过 LDAP 信息自动构造语义网领域本体的方法。同时利用语义网领域本体的解析和 UDDI 语义网注册信息的提取构造语义网服务本体，从而提出了一种语义网本体自动构建的理论模型，为第 4 章语义网本体的分类匹配和第 6 章的模型构建打下基础。

第4章 语义网信息检索中本体匹配问题的研究

查找信息是使用任何信息的前提,在语义网信息检索系统中更是如此。语义网中的资源极其丰富,为语义网用户提供了大量的可用服务,但是如果要使用这些语义网服务,前提是另有语义网检索系统将这些服务检索出来。在语义网检索信息时如何在诸多服务中找到符合要求的服务,这就是语义网服务匹配问题。语义网服务匹配已成为利用语义网服务进行资源共享必须解决的问题,是语义网信息检索技术的关键部分,因为服务匹配的成功与否决定了语义网服务能否被利用。早期的语义网检索系统中在服务匹配时只采用了简单的关键字搜索方法,由于对语义网服务的描述缺少灵活性和语义性,通常无法提供足够的灵活性和推理能力,使语义网信息检索出来的服务匹配结果难以令人满意。后来提出的基于语义的语义网服务匹配在检索模式和检索精度上也不能让语义网用户所满意,本章试图解决这个问题。

4.1 语义网信息检索中引入本体匹配技术的作用

为了使语义网服务的匹配结果在查全率和查准率上都尽量满足用户的需求,人们引入本体技术作为技术手段解决这个问题。前面已描述过本体在语义检索方面的优势。本章在研究基于本体技术匹配的基础上,结合语义网自身的特性,对已有的语义网本体匹配模式和算法进行相应的改进,从而使其在性能和检索效率方面有所提高,能更好地为语义网信息检索服务。

在语义网技术中引入本体匹配技术,其目的不外乎以下两点。

(1)解决语义网信息检索中本体的异构问题。基于相同本体的信息处理系统能够更好地相互理解和相互协作,这已成为大家的共识。但是由于语义网环境的复杂性,在没有统一构建机制的前提下,不同组织的领域专家构造和使用不同的本体,这就是本体的异构问题。本体异构问题使共同使用这些本体变得很艰难。为了让本体发挥最大的作用,就需要让本体得到充分的共享。为了解决异构问题从而实现本体互操作,我们需要找到本体术语间的匹配关系,这就需要各个本体间进行匹配。即本体匹配是实现异构本体互操作的解决方法之一。在这个前提下,本体匹配用来发现不同本体中实体的语义关系从而实现本体合并和本体集成,达到本体互联的目的,从而扩大和丰富知识库,并提供系统强大的语义支持,进而为应用打下基础。

(2)提高语义网信息检索系统的检索精度和效率。在本体思想和语义网服务思想的指导下，语义网上所有的信息和资源都由语义网服务的形式表现出来，这些语义网服务以抽象的形式构成语义网服务本体存储在语义网服务本体库中。如果语义网信息检索系统的预处理模块可把用户查询的要求也以本体的形式表现出来，即将用户检索条件和资源描述文件都表示成可以被机器所理解的形式化知识表示下的语义信息组织方式——本体，检索过程就是本体与本体的匹配，而这种匹配则能够使匹配的结果更精确。

由于第 3 章中提出了一种自动化的语义网本体构建方法，这种构建方法是统一而严格的，所以本体异构问题在本书的语义网信息检索研究中并不突出。本章主要研究本体匹配技术如何更好地为检索精度服务的问题。

4.2　本体匹配理论与相关技术分析

4.2.1　本体匹配理论

1）本体匹配的概念

目前，国内外对本体匹配的研究很多，许多学者在研究的基础上给出了自己的理解。目前的主流观点有两种：Bernstein 等从定性的角度认为本体匹配是发掘两个本体中单个概念间的对应关系的一个过程；而 Doan 等却希望从定量分析的角度分析概念间的相似度和差异度。

实际上两种观点并不矛盾，分别从定性和定量的角度对本体匹配进行阐述。本章综合了上述研究者的观点，认为本体匹配是指计算两个不同本体之间的相似度的过程，从而解决本体的语义匹配问题。一般情况下，本体通过相似度的值来判断本体中实体之间的语义关系，实现本体的语义之间的映射。

2）本体匹配的工作原理

语义信息检索问题的实质就是如何在用户检索条件和检索系统中现有的资源描述之间在语义级别上进行关联，从而为匹配信息打下基础。同种类型的知识匹配是最为容易和最不易产生歧义的。因此，如何将用户检索条件和资源描述文件都表示成可以被机器所理解的形式化的语义信息是关键，本体技术的出现把用户检索条件与检索系统资源描述文件都用本体的形式描述出来，利用本体间匹配可以解决信息检索中的语义匹配问题。检索系统通过严格的逻辑推理和演算来评判两者之间的匹配程度，将查询条件转化而来的本体和资源描述文本转化的本体之间的相似度计算出来以后，按照相似度值将候选资源排序，选择排序靠前的结果提交给用户作为选择。具体描述如图 4-1 所示。

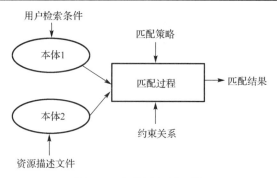

图 4-1 本体匹配原理图

图 4-1 描述了本体匹配的原理。通过图 4-1 可以看出，匹配过程、匹配策略、约束关系和匹配结果是研究本体匹配的重点问题。

3）本体匹配的过程

目前的本体匹配研究很多，不同的系统之间由于采用的匹配方法和策略不同，匹配过程也不尽相同。一般的匹配过程如图 4-2 所示。

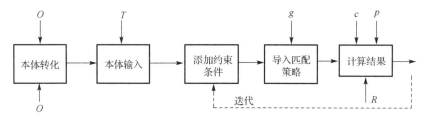

图 4-2 本体匹配的一般过程模型

一般匹配过程分为五个步骤。

（1）本体转化。两个本体在进行匹配前应该对本体进行选择、修改或转换，一般采用共同建模标准的本体不存在这个问题，但是异构本体则需要注意。

（2）本体输入。这个过程就是将本体导入匹配工具，一般需要匹配工具 T 自己来完成。

（3）添加约束条件。一般指将匹配的两个本体按照匹配粒度划分和按照匹配参数输入，是一个将待匹配本体的元素及其所处的语境抽取出来的过程。

（4）导入匹配策略。匹配策略是匹配过程中采取的算法或者算法组合，是匹配系统自动处理匹配的方法，该步骤可能采取不同的匹配算法和策略，其中 g 表示匹配策略。

（5）计算结果。在这个过程中结合给定的其他参数，通过计算，判定匹配元素间的映射关系。

需要注意的是，也许一次匹配并不能解决问题，那么就可能出现多次匹配，即结果重新注入后的迭代。

4）本体匹配的形式化描述

为了更好地对本体匹配进行研究，我们把图 4-2 中用户检索条件转化而成的本体 1 称为 Or，把由资源描述转化而来的本体 2 称为 Os，则本体匹配过程可以看成一个四元组的关系式：$Z=(Or, Os, W, R)$。

（1）Or 为检索条件转化而成的本体，描述用户的需求。

（2）Os 为资源描述转化而来的本体，是待匹配对象。

（3）W 为本体匹配过程中采用的方法，即匹配策略。

（4）R 为本体匹配过程中的约束关系，包括匹配维度、匹配参数等。

（5）Z 为匹配结果，描述了两个本体之间的相似程度。

通过分析可以看出，约束关系、匹配策略和匹配结果计算是研究本体匹配的重点问题。下面分别对其进行研究。

5）本体匹配的约束关系

本体匹配过程中的约束关系主要是指本体匹配粒度和匹配维度等几个方面。下面主要介绍一下匹配粒度和匹配维度的问题。

匹配粒度是指本体匹配的过程中，参与匹配过程的本体结构的最小单元。换句话说，匹配粒度也就是具体参与本体匹配的单元的相对大小或粗糙程度，参加匹配的是整个本体，还是本体的一部分，或者是本体的某些特征，如本体的结构。本体匹配依据参与本体匹配主体的精细度可以分为本体元素层匹配和本体结构层匹配两种。

（1）本体元素层匹配是指参与匹配的是本体下属元素的名称、注释或者数据类型等特征，通过观察两个本体之间下属元素的特征来发掘对应两个本体的语义相似性。这些下属元素可以是类、属性、实例，也可以是本体某种约束。值得注意的是，最简单的元素层匹配是原子层匹配，即最下层的类和属性等作为匹配粒度等。这种方法进行较高层次的匹配时往往忽略它的子结构和组件，只需单独考虑较高层级的元素。目前本体匹配研究主要局限于元素层匹配，这种匹配简单易用，但是语义关联度不强。

（2）本体结构层匹配是指参与本体匹配的粒度是一些基于某种关系组合而来的元素及其关系的集合，即$<C, R>$。其中 C 代表基于某种规则的元素集合，R 代表基于某种或者某些规则的 C 集合元素之间的关系。这种匹配的范围取决于结构所需要的匹配精度和完备程度。这种匹配方式与元素层匹配不同，本体结构层匹配在进行匹配时仅需考虑它的子结构和组件，往往可以忽略较高层的元素或者结构，是一种较为复杂的匹配模式。这种匹配模式在语义匹配过程中效果较好，但是代价也随之增高。

本体匹配维度是指用户对本体匹配系统在匹配前做出的某些选择要求。这些选择要求是用来确定本体元素间最终的映射关系而设定的基本匹配规则和标准，主要包括算法要求、匹配基数、匹配方向、排序策略等。

（1）算法要求。主要是在匹配系统有多个算法可供选择的情况下，根据不同情况，用户选择其中一个算法或者算法组合来完成匹配过程。

（2）匹配基数。匹配基数是指参与匹配双方本体内参与匹配的元素数目的情况，一般情况下包括 $1:1$、$1:n$、$n:1$ 与 $n:m$ 等 4 种情况，这里的 m、n 是不等于 1 的整数，目的是控制最终确定相互映射的元素的数目。

（3）匹配方向。匹配分单向匹配与双向匹配两种，在两个本体之间进行匹配时，往往匹配方向对匹配结果影响很大，如大本体到小本体的匹配与小本体到大本体的匹配绝对不一样。

（4）排序策略。排序策略是指选择某种策略，作为结果呈现的顺序，为选择最终的映射做准备。

在进行本体匹配前，本体匹配参数的选择尤为重要，它直接参与确定元素间的最终映射，对本体映射结果影响很大，甚至决定了本体匹配的成败。

6）本体匹配算法

本体匹配算法，即指完成一个本体匹配任务所需要的具体步骤和方法。不同的匹配算法可能用不同的时间、空间或效率来完成同样的任务。匹配算法的优劣可以用空间复杂度与时间复杂度来衡量。图 4-3 描述了目前主要的本体匹配算法的分类情况。

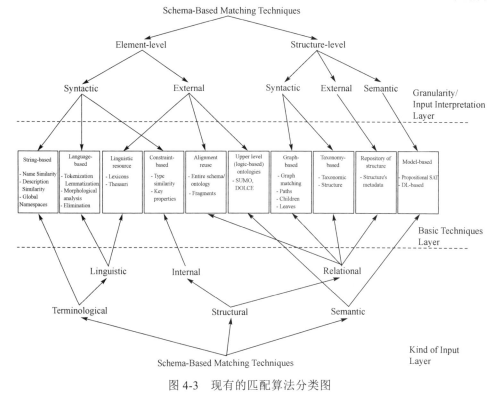

图 4-3　现有的匹配算法分类图

关于一些语义网信息检索中能够用到本体匹配的经典算法，本书在后面有较为详尽的分析。

7）本体匹配策略

本体匹配策略是两个本体参与匹配使用的方法，它是一个本体匹配算法或者一组本体匹配算法及其关系的集合。本体匹配策略用二元组表示为 $<S, R>$。

（1）S 表示本体匹配算法，即指完成一个本体匹配任务所需要的具体步骤和方法。

（2）R 表示多个不同匹配算法在完成匹配过程中的相互关系。

实际上，在匹配过程中，为了使本体匹配实现理想的匹配效果，通常会采用两种或多种不同的匹配算法的组合，这些组合方式主要有以下三种。

（1）顺序策略。在匹配过程中，把前面匹配算法的结果作为后续匹配算法的已知，逐步实现匹配目标，如图 4-4 所示。

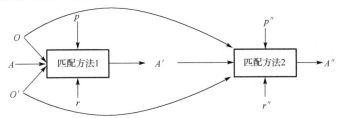

图 4-4　匹配中的顺序合成策略

（2）并行策略。并行策略是指在匹配过程中，所有算法是平等关系，同时执行不同的算法共同实现匹配目标，如图 4-5 所示。

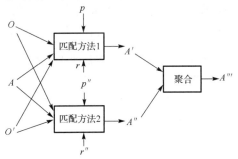

图 4-5　匹配中的并行合成策略

（3）混合策略。把并行策略和顺序策略混合起来使用。

8）本体匹配结果

本体匹配结果是显示匹配成功与否的直观印象。本体匹配结果一般由语义相似度表示。语义相似度是两个本体之间通过语义进行联系时的相似性，一般通过相关公式来计算。正常情况下，不同方法计算的语义相似度不尽相同，但是都遵循其取值范围是[0,1]区间。如果两个概念语义相等，则相似度为 1；如果两个概念不存在任何语义关联，那么其相似度为 0。

匹配维度是指两个本体匹配后，输出结果的精细程度。一般有两种表示：一种是把结果分为几级，如完全匹配、不完全匹配（部分匹配或者交叉匹配）和不匹配等；一种是利用各种计算公式，算出一个 0~1 的值，越接近 1，说明相似性越大，反之亦然。

这两种方式的优缺点都较为明显。首先，第一种方式表示简单，理解容易，但是不够精细，如男人与女人，男人与男孩之间都会发生匹配，结果可能都是不完全匹配，但是他们的语义相似度绝对不一样。第二种方式较为精确，在同种算法下，相似度为 0.9 的两个本体肯定比相似度为 0.1 的更相似。但是也带来了困难，如相似度为 0.5 或者 0.6 的本体到底相似不相似，也没有人给出答案。

在很多本体匹配算法中，两种维度被结合起来使用，取得了不错的效果。

4.2.2　本体匹配技术

本体匹配技术是指在本体匹配过程中的技术支持和基本算法。本体匹配技术经过这几年的高速发展，成绩斐然，在本体匹配领域作出了重要的贡献。目前的本体匹配技术主要分为两类，即基于本体元素层的匹配技术和基于本体结构层的匹配技术。

1）基于本体元素层的匹配技术

基于本体元素层的匹配技术是指利用参与匹配的主体是本体下属元素的名称、注释或者数据类型等特征，通过计算两个本体之间下属元素的相似度来发掘对应两个本体的语义相似性的技术。在其过程中挖掘的本体下属元素可以是类、属性、实例、约束等某种关联，从而确定本体匹配与否。主要的匹配技术如表 4-1 所示。

表 4-1　基于本体元素层的匹配技术

	匹配技术名称	匹配技术原理	具体实现技术
基于本体元素层的匹配技术	基于字符串的技术（string-based techniques）	这种方法经常用在本体之间名字或名字的描述匹配中，它将字符串考虑成字母表中的一系列字母，并且基于以下原则：两个字符串越相似，它们就越可能表示相同的概念	前缀判定（prefix）、后缀判定（suffix）、编辑距离（edit distance）、N 图算法（N-gram）
	基于语言学的技术（language-based techniques）	把自然语言中的名字看作单词，使用 NLP（Natural Language Processing）技术来对输入单词进行处理	
	基于约束的技术（constraint-based techniques）	这种运算规则用来处理实体内在的限制	
	基于语言的技术（linguistic-based techniques）	基于语言的技术是使用通用词库或特殊领域的词库（在这种情况下本体的名字看作自然语言的单词）来进行单词匹配（是根据它们语言层上的关系，如同义词）	

	匹配技术名称	匹配技术原理	具体实现技术
基于本体元素层的匹配技术	队列重用（alignment reuse）	队列重用的技术就是使用以前匹配过的资源（即以前匹配成功的本体的队列）来实现两个新的本体的匹配	
	上层形式化本体	被使用作为通用知识的额外资源，这些本体的主要特征是基于逻辑系统，因此匹配技术基于对本体的解释分析，所以它是有关语义方面的技术	

采用基于本体元素层的匹配技术中最有名的是 COMA（A System for Flexible Combination of Schema Matching Approach）匹配工具。COMA 是一个以元素层匹配为主的模式匹配工具，主要以前后缀、编辑距离、N 图算法为主，通过捕获两个本体间元素的上下文关系来计算本体匹配效果。它在结构上包括六个基本的匹配器、五个混合的匹配器和一个基于重用的匹配器，其中基于重用的匹配器是 COMA 匹配工具完全创新的技术。

COMA 的系统结构极为复杂，具体结构如图 4-6 所示。

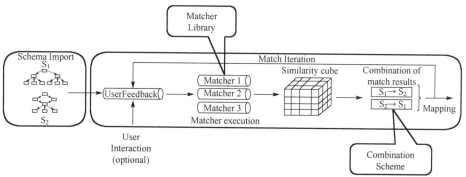

图 4-6　COMA 的系统结构图

下面通过一个例子，看 COMA 系统中本体匹配的具体过程，其过程大体分为 4 个步骤。

（1）确定两个本体的匹配方向，例如，图 4-7 中由大本体向小本体映射。

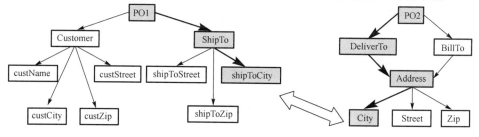

PO1.Ship To.shipToCity　⟷　PO2.Deliver To.Address.City

图 4-7　两个待匹配的本体

（2）通过各个子匹配器获得各自的相似度。这些匹配器大多基于元素层匹配技术，如图 4-8 所示。

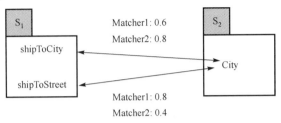

图 4-8　匹配器获得的相似度

（3）通过混合匹配器对相似度进行聚合操作，这里涉及每个子匹配器的相似度权值分配问题，如图 4-9 所示。

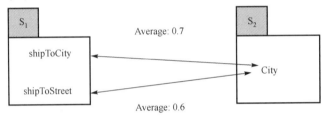

图 4-9　聚合后的相似度

（4）通过阈值进行选择，选择匹配程度较高的匹配结果。匹配结果以值的形式显现出来。上例中的结果为 City shipToCity(0.7)。

2）基于本体结构层的匹配技术

本体结构层匹配与元素层匹配不同，本体结构层匹配在进行匹配时仅需考虑它的子结构和组件，往往可以忽略较高层的元素或者结构，是一种较为复杂的匹配模式。这种匹配模式在语义匹配过程中效果较好，但是代价也随之增高。主要的匹配技术如表 4-2 所示。

表 4-2　基于本体结构层的匹配技术分类表

	匹配技术名称	匹配技术原理	具体实现技术
基于本体结构层的匹配技术	图匹配技术（graph-based techniques）	把输入看作图，应用图结构来表示输入元素以及它们之间的关系，两个本体之间的节点相似度的比较根据是它们在各自图中的位置，如果两个本体中的两个节点相似，则它们的邻居节点也有很大的程度会相似	
	基于分类学的技术（taxonomy-based techniques）	也是一种图匹配运算法则，它仅能处理特殊化的关系，分类学方法的 is-a 关系是默认的相似关系（作为互相的子集或超集），因此它们的邻居在一定程度上也会相似	有界限的路径匹配（bounded path matching）、上层概念规则

续表

	匹配技术名称	匹配技术原理	具体实现技术
基于本体结构层的匹配技术	结构知识库（repository of structures）	用来存储本体中对应元素的互相的匹配度（通常用[0, 1]），这不同于队列重用（因为队列重用仅仅存储互相匹配的元素），当两个新的结构需要匹配的时候，首先检查知识库中已经存在的结构的相似度，这样可以确定结构是否足够相似来进行进一步的细节匹配或重用以前匹配的结果，因此可以避免匹配完全不相似的结构，这样可以提高计算的效率，同时降低匹配的费用	
	基于模型的技术（model-based techniques）	基于模型的运算规则根据语义的解释来处理输入	基于 SAT 的匹配、基于 DL 的匹配

在基于本体结构层的匹配技术中较为出名的是 S-Match（schema-based）的本体匹配系统。其本质是一个基于模式的匹配，S-Match 系统综合考虑了语义和结构两方面的特点。它的匹配过程是通过分析语义来计算语义相关联的图中节点间的语义关系。但是目前 S-Match 系统只能匹配提前以图结构存储的本体，对于其他形式的本体则需要转化。S-Match 匹配机结构如图 4-10 所示。

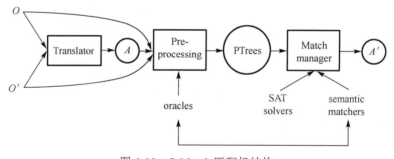

图 4-10 S-Match 匹配机结构

3）基于混合技术的本体匹配

实际上，目前流行的或者已开发成型的本体匹配系统中很少有单独基于某种技术的，多数是几种同类型技术综合运用，如基于语言学技术和基于字符串技术的、基于图匹配和基于模型匹配的，甚至是元素层或者结构层匹配技术互相融合在一起。其中混合技术应用较为出名的是 Cupid 匹配系统。

Cupid 匹配系统是一种元素级匹配和结构级匹配的混合方法，它主要采用图匹配技术和语言学技术相结合的方式。Cupid 匹配机结构如图 4-11 所示。

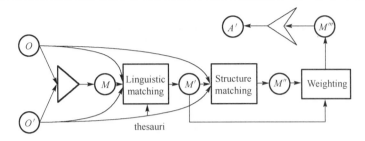

图 4-11　Cupid 匹配机结构

Cupid 匹配系统是一种元素级匹配和结构级匹配的混合方法。具体的匹配过程如下。

（1）匹配本体结构转化。匹配前，Cupid 匹配系统会将待匹配本体转化成一棵概念树，如图 4-12 所示。

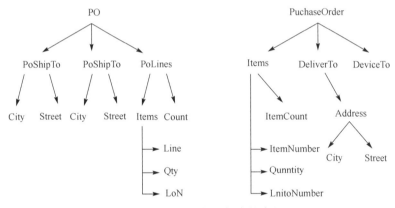

图 4-12　图匹配的相似度的实例

（2）建立节点相似的理论断言。

① 如果两个叶子节点在语言学和数据类型上相似，同时它们各自的兄弟节点和祖先节点相似，那么这两个节点相似。

② 如果两个非叶子节点在语言学上相似，同时它们的子树也相似，那么这两个非叶子节点也相似。

③ 如果两个非叶子节点叶子集高度相似，那么两个非叶子节点在结构上相似。

④ 具有高度相似祖先的叶子节点常常出现在相似的上下文中。

（3）对两个树状本体进行自底向上的结构匹配。

（4）利用语言学匹配技术计算元素相似性，利用图匹配技术计算结构相似性。

（5）通过元素相似性和结构相似性加权计算本体相似性。

（6）通过计算后，如果相似度超过了阈值，那么就增加其叶子集的结构相似度。反之就减少其叶子集的结构相似度。

其具体算法描述如图 4-13 所示。

```
TreeMatching(SourceTree S, TargetTree T)
{
    for each s LS, t LT; //s,t 为叶子节点
    ssim(s,t)=datatvpe comp(S,T);
    //用类型兼容性来初始化结构相似度
    S1=PostOrder(S);
    T1=PostOrder(T);//用后根遍历的方法来取出每一个树中的节点
    for each s in S1
    for each t in Tlssim(s,t)=structure sim(s,t);
    //通过树的结构来修改结构相似度
    wsim(s,t)=Ws*ssim(s,t)+(1-Ws)*1sim(s,t)/*通过加权来合并结构和语言相似度*/
    if wsim(s,t)>>阈值
        increase C_ink;//增加其叶子集的相似度
    if wsim(s,t)<阈值
        decrease C_ink;//减少其叶子集的相似度
    }
```

图 4-13　Cupid 匹配算法

4.3　语义网本体自动构建理论下的本体匹配

4.3.1　语义网自动构建理论下本体匹配的要求

第 3 章中提出了依据语义网自身的特点，充分发挥语义网能力的语义网本体自动构建理论。在这个理论的指导下，语义网环境下的本体匹配问题产生了一些新的特点。

（1）语义网本体自动构建时，无论语义网领域本体还是语义网服务本体都以树结构为存储方式，这种本体的存储结构，无疑适用于本体的图匹配技术。

（2）现有的语义网本体匹配中，由于服务思想的深入，把语义网中的一切都抽象成语义网服务，语义网信息检索的成功与否转化成语义网服务本体是否能有效匹配。而目前语义网服务本体匹配算法是相当复杂的，当然这在查找各类相对复杂的服务时是必需的，因为要保障服务的准确性。但是语义网中的一些简单资源的查找，也要转化成服务，就有点小题大做了。

（3）现有的语义网本体匹配算法，无论是在空间复杂度还是时间复杂度方面都有不尽如人意的地方。

（4）现有的语义网匹配，虽然在研究中披着本体与本体匹配的外衣，实际上只是用户的请求描述的某些概念与语义网本体的匹配，无法做到真正的本体与本体的匹配。

4.3.2　语义网本体匹配技术的选择

本体匹配技术的发展是卓有成效的，每种匹配技术都有各自的优点，但是并不是每种匹配技术都能应用到语义网中。

1）技术选择原则

本书在构建语义网本体匹配理论时选择的技术必须遵循以下原则。

（1）与语义网本体结构相适应原则。语义网本体自动构建理论下，无论语义网领域本体还是语义网服务本体都以树结构为存储方式，这种语义网本体的存储结构，无疑适用于本体的结构层匹配技术，尤其是图匹配技术。

（2）本体与本体匹配的原则。本书为了解决这个问题，提出了语义网虚本体的思想，用来实现真正的本体之间的匹配。

（3）强语义性原则。语义网资源繁多，使匹配面临很多的选择，只能从中选择最优的，这就要求采用的本体匹配算法不仅要有很好的语义匹配能力，而且要有一定的推理能力。

（4）充分发挥语义网能力的原则。在以往的研究中很少使用结构层匹配算法的一个主要原因是图匹配是一个非常复杂的问题，计算代价非常昂贵，因此我们一般使用近似的计算方法，但是语义网的强计算性能恰恰能解决这个问题。

（5）高效率原则。如果有一种算法能够对现有语义网本体进行快速筛选，无疑能提高本体匹配的时间效率。

（6）实际性原则。即使一个匹配技术再好，如果在语义网环境中实施困难，也应放弃。

2）选择的匹配技术

（1）图匹配技术。图的节点的结构相似性的计算基于它的子节点的结构相似性，图匹配技术对语义网的强适应性不在这里再次描述了。一般情况下，在语义网环境下，采用的是一种近似的计算。图 4-14 描述了树型匹配模式。

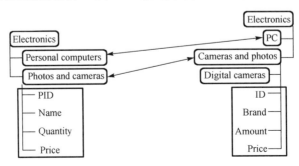

图 4-14　基于树结构的匹配

（2）基于模型的技术。这里主要用到命题满意度（Propositional Satisfiability，SAT）模型匹配技术。过程如图 4-15 所示。

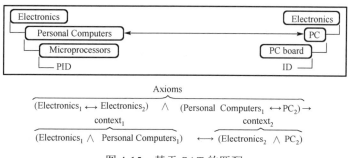

图 4-15 基于 SAT 的匹配

4.3.3 语义网本体自动构建理论下本体匹配的指导思想

在语义网自动构建理论下构建起来的语义网本体，无论是语义网领域本体还是服务本体，由于其本体结构的树状描述和存储结构，采用图匹配技术为主体的语义网本体匹配技术是毋庸置疑的。

但是，要实现这个设想，则还需要满足下面的几个条件。

（1）用户请求的描述方式的转化。为了实现本体与本体的匹配，需要把用户的描述转化为本体描述。

（2）语义网本体的预处理。在进行语义网本体的图匹配之前，需要把语义网本体中描述语义网领域本体的 OWL 文件或者描述语义网服务本体的 OWL-S 文件转化成图状或者树状结构，为图匹配的输入做好准备。

（3）语义网本体的分类匹配。在语义网自动构建理论下构建起来的语义网本体分为语义网领域本体和语义网服务本体，其描述方式和存储空间不同，另外，语义网用户检索条件转化而来的要求的复杂性也不同。所以本书把语义网本体的匹配分为语义网领域本体的匹配和语义网服务本体的匹配两个方面来研究。

4.3.4 语义网本体自动构建理论下本体匹配的预处理

预处理包含两个方面的内容，即用户描述的预处理和语义网本体库中本体的预处理。

1）用户描述的预处理

现有的语义网匹配中，实际上只是用户的请求描述的某些概念描述与语义网本体的匹配，无法做到真正的本体与本体的匹配。如何改革这一点也是个问题。本章基于虚本体的概念，提出了语义网虚本体的思想。

（1）语义网虚本体概念的提出。作者在大量研究和借鉴前人经验的基础上，提出了语义网虚本体的概念。

语义网虚本体，即在语义网本体匹配的过程中，为了实现真正的本体与本体之间的匹配，从而提交匹配的查全率和查准率，需要把用户提出来的请求描述按照语义网本体的形式化描述进行本体构建，其构建过程和构建结果只在本体匹配过程中使用，并无实质的存储内容的本体的描述。

（2）语义网虚本体的特点。语义网虚本体的提出，只是为了在语义网本体匹配过程中实现本体与本体匹配的一种思路的产物，具有以下特点。

① 本体同构性。其在结构上和本体是一模一样的，因为其架构就是依据语义网本体构建起来的。

② 虚拟性。其本质只是一种技术过程的描述，无实质存储内容。

③ 实时性。查询后即消失，不存储不保留。

语义网虚本体就是为了实现真正的本体与本体之间的匹配而提出来的，在对语义网本体分类存储的思想下，具体分为语义网领域虚本体和语义网服务虚本体。图 4-16 描述了语义网虚本体的构造过程。

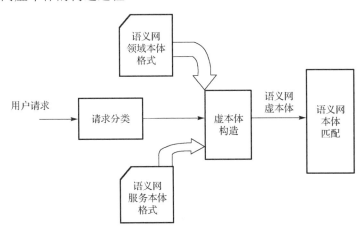

图 4-16　语义网虚本体的构造过程

2）语义网本体库中本体的预处理

图匹配技术性能的优良是元素层匹配技术无法比拟的，但是由于其复杂性，人们只能采取近似计算来实现，其中一个主要原因就是图匹配技术对输入和计算的要求很高，语义网计算的出现解决了对计算能力的要求，不再使其成为在语义网检索技术中使用图匹配的瓶颈。目前现有的图匹配系统很少能自己把本体的描述性文件自动转化为图或者树结构，那么要求我们在使用图匹配技术前，对存储在语义网本体库中的本体进行结构转化，即事先把存储在语义网领域本体库的 OWL 文件或者语义网服务本体库的 OWL-S 文件进行分层，使其成为树状结构或者图状结构，然后利用图-树转化，把语义网本体库用树状结构描述出来。

这就要求在利用图匹配技术处理语义网本体匹配前，对存储在语义网本体库包括语义网服务本体库和语义网领域本体库中的本体进行预处理。本章在此借鉴了史忠植、蒋运承等在《基于描述逻辑的主体服务匹配》一文中提出的利用 FACT++匹配推理机进行概念分层的思想，对其改进后使其适应语义网环境，对语义网本体库中存储的本体在匹配之前进行本体的分层，实现其结构的图状存储。我们在具体算法设计之前需做好如下的工作。

把语义网本体库，无论是领域本体库还是服务本体库，都分别定义成本体的集合：其中语义网领域本体库 $GDO = \{GDO_1, GDO_2, \cdots, GDO_n\}$，语义网服务本体库 $GSO = \{GSO_1, GSO_2, \cdots, GSO_n\}$，同时假设库里面不包括相同或者等价本体。GDO 和 GSO 分别构建自己的本体分层模型。

本体分层过程中首先取一个本体 GO_1，GO_1 作为根节点放入图中，然后输入一个其他本体，如果本体库中增加了新的本体，针对该本体可以调用概念分层算法，将新本体插入合适的位置，使图逐步完善，并最终包括本体库中所有本体。其本质是根据 FACT++匹配推理机技术发现其概念之间的联系，通过这些关系把后续节点分别插在构造图相应位置上。同时，得到一个有向无环图。具体算法如图 4-17 所示。

```
网格本体分层算法描述
输入：网格本体集合 GO
输出：一个概念分层图 TU
(1)初始化 TU=null;
(2)如果 GO 为空，算法结束，返回 TU;
(3)从 GO 中取出 GOi，i 从 1 取到 n，同时修改 GO={GO-GOi};
(4)若 TU 为空，生成根节点 root=new node(root)，生成节点 node(GOi)，
   并令 parent(node(GOi))=root;
   //函数 parent(node(GOi))表示求出 node(GOi)的直接父节点
(5)调用 insert(root,GOi)函数;
(6)Goto(2)
函数 insert(root,GOi)的描述
(1)令 Children=children(root);
//函数 children(node(N))表示求出节点 N 的所有直接子节点的集合
(2)若 Children 为空，生成新节点 node(GOi)
令 parent(node(GOi))=root，函数返回;
(3)从 Children 中取 Child，令 Children=Children-(Child);
(4)根据 FACT++推理机，如果 Child.Concept 与 GOi 无关，则 Goto(2);
//两个概念 GOi 和 GOj 不相关是指 Subsumption(GOi,GOj)的值为 0
(5)根据 FACT++推理机，如果 GOi 包含 Child.Concept，则生成新节点 node(GOi)，
令 Parent(node(GOi))=root，并令 Parent(Child)=node(GOi)，同时删除关系 Parent(Child)=root，
函数返回;
(6)递归调用 insert(Child,GOi)
```

图 4-17　语义网本体分层算法

由于语义网领域本体是由概念描述的，而语义网服务本体的输入、输出等信息也是由概念描述的，所以此本体概念分层后构建图的方法适用于语义网领域本体和语义网服务本体。同时，由于语义网本体分层是个动态的过程，插入新的语义网本体和删除过时的语义网本体都极为容易，其过程适合语义网动态性的特点。同时利用 FACT++推理机对本体库中的概念进行自动分层，形成本体分层图。与手工建立概念分层结构相比，采用本算法，在语义网本体自动构建的基础上实现了自动本体分层，这无疑能降低工作量，同时减少了由于主观性和不确定性所带来的影响。

需要说明的是，这个语义网服务算法的前提是语义网本体库中没有相同的本体，实际上语义网本体由于构造环境的复杂性，有时候等价本体并不能够完全消除，反映到具体过程中就是在构造图结构时会产生环，如何消除这个环是实现这个算法的前提。一般情况下，可以把相同的本体或者等价本体放到一个集合中，用一个新的本体表示，在构造图时以这个新的本体为节点插入，这样就可以有效解决产生环路的问题。

另外，对语义网本体分层后，产生了很多性质，可以在后面的匹配中用到。

（1）在构造图 TU 中，如果一个节点没有前驱节点，并且这个节点所代表的语义网本体与语义网用户请求转化而来的本体匹配失败，那么位于该节点的子层的所有语义网本体都不能与用户请求转化而来的本体相匹配。

（2）同样，在构造图 TU 中，如果最底层的本体即叶子节点能与用户请求转化而来的本体匹配，则该节点的所有前驱节点所表示的本体都能与用户请求转化而来的本体相匹配。

4.3.5 语义网本体自动构建理论下领域本体的匹配

1）语义网领域本体匹配的实质

语义网领域本体是由语义网资源抽象而来的，其构成要素主要是语义网资源的描述。但是由于语义网资源的动态性导致了语义网领域本体的动态性，其匹配过程肯定比普通领域本体的匹配要复杂。

通过第 3 章中对语义网领域本体的分析可以看出，语义网领域本体是一个树状存储结构，所以需要把用户检索要求也转化成树状结构的本体描述。然后把此树状结构在语义网领域本体库转化而来的层次模型中进行匹配。但是语义网领域本体匹配的目的是使用语义网本体对应的资源，那么那些不可用的资源或者繁忙的资源就不应在匹配之列。第 3 章中构建的语义网领域本体中用属性 Gstate 描述可用性。

基于上述观点，本章认为语义网领域本体匹配的实质就是在语义网领域本体库转化而来的层次模型中查找那些能与用户检索要求转化成树状结构的虚本体进行匹配，并且 Gstate 属性为 1 的语义网领域本体。

2）语义网领域本体的图匹配的基本思想

经过前面的描述，可以发现语义网领域本体的匹配只是在本体图匹配的基础上加了约束条件而已。下面利用本体图匹配的思想并结合语义网领域本体匹配的特殊需要提出了一种基于语义的本体匹配算法。

本章提出的算法结合了概率论和图形学的思想与技术，把语义网领域本体库的领域本体的结构看成由一系列节点和边组成的层次结构图，语义网领域本体自身的层次结构构造可以参照本体分层的方法，将本体中的类或者属性等当作子本体插入构造图中。层次结构图中的节点表示领域本体中的类或者实例，图中的边表示领域本体中的属性或者类之间的关系。

3）语义网领域本体的图匹配的过程

根据上述原则，语义网领域本体图匹配的大体过程如图 4-18 所示。

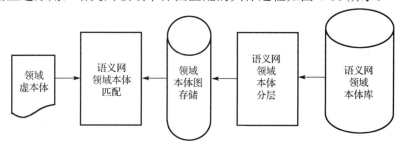

图 4-18　语义网领域本体匹配

在图 4-18 中可以看到，语义网领域本体匹配的大体过程如下。

（1）语义网领域本体库中的领域本体经过本体分层后形成本体层次图，每个本体内部也实现分层。

（2）用户检索要求经解析后产生语义网领域虚本体。

（3）对上述两者进行图匹配。即对双方本体中每个节点和每条边分别进行匹配，计算节点相似度与边相似度，从而计算双方本体的总相似度。这里有一个迭代计算的过程。

（4）输出匹配结果。

（5）结合语义网领域本体中的 Gstate 属性，根据匹配结果判定是否匹配可用。

4）语义网领域本体的图匹配算法

本章设计的算法将遵循以下原则。

（1）两本体的相似性是由所有节点的相似性以及边的相似性加权所组成的。所以匹配时不仅要考虑两个本体的根节点，也要考虑每个子节点。

（2）越接近顶层节点的节点相似性对两个匹配本体总体的相似性影响越大。

（3）相同子节点能够增强两个节点的相似性，而不同子节点则会减弱相似性；同时相同子节点对本体相似度的增强影响要大于不同子节点的相似度的减弱影响。

算法的具体步骤如下。

（1）根节点的相似度计算。传统节点的相似度定义为两节点的相同子节点的数目与两节点所有子节点数目之和的比值，但是我们在研究中发现相同子节点能够增强两个节点的相似性，而不同子节点则会减弱相似性；但是相似节点的影响大于不同节点对相似度的影响。基于这种思想，我们引入了深度系数的计算。该系数也体现了在一个概念层次中越接近顶层节点的节点相似性对两个层次图总体的相似性影响越大。其定义为

$$\partial(a,b) = \begin{cases} \dfrac{\text{depth}(a)}{\text{depth}(a)+\text{depth}(b)}, & \text{depth}(a) < \text{depth}(b) \\ \dfrac{\text{depth}(b)}{\text{depth}(a)+\text{depth}(b)}, & \text{depth}(a) \geqslant \text{depth}(b) \end{cases} \qquad (4\text{-}1)$$

它表示本体 GDO 中的子本体 a 和 UO 中的子本体 b 的语义相似性的系数，depth(a)表示子节点的深度信息，即该子节点 a 到根节点 GDO 的距离。由上可知 $\partial(a, b)$ 取值范围为[0,0.5]。节点相似度为

$$\text{Vsim(GDO,UO)} = \dfrac{|A \cap B|}{|A \cap B| + \partial(\text{GDO,UO}) \times |A/B| + (1 - \partial(\text{GDO,UO})) \times |B/A|} \qquad (4\text{-}2)$$

其中，GDO 表示语义网领域本体；UO 表示用户检索转化成的语义网领域虚本体，两个本体皆用树状结构表示。

① Vsim(GDO, UO)表示 GDO、UO 两个本体之间的节点结构相似性。

② A、B 分别表示 GDO、UO 中包含的相同子本体的集合。

③ $|A \cap B|$ 为两个本体中相同子本体的数量。

④ $|A/B|$ 表示 GDO 中包含但是 UO 中不包含的子本体数目，其值等于 $|A| - |A \cap B|$。

⑤ $|B/A|$ 表示 GDO 中不包含但是 UO 中包含的子本体数目，其值等于 $|B| - |A \cap B|$。

⑥ ∂ 为深度系数。

通过式（4-2）可以看出，节点相似度的取值应该为 0～1，如果 Vsim(GDO, UO)=1，意味着两个本体相同或者等价。如果 Vsim(GDO, UO)=0，意味着这两个本体完全不匹配，没有任何联系。

（2）根节点连接边的相似度。在本体图匹配中，我们对根节点连接边的相似性采用最简单的定义和计算方式，如果两条边的描述相同，那么把两个根节点连接边的相似性定义为 1，否则定义为 0，表示为

$$\text{Lsim}(l_i, l_j) = \begin{cases} 1, & l_i = l_j \\ 0, & l_i \neq l_j \end{cases} \qquad (4\text{-}3)$$

其中，l_i 和 l_j 分别代表两个待匹配本体中根节点连接边的一条边。所有根连接边总的相似性为根连接边相似性之和除以根连接边的总数，即

$$\sum_{i=1}^{n} \text{Lsim}(l_i, l_j) / n \tag{4-4}$$

（3）根节点综合相似度的计算。根节点的综合相似性是直系各子节点相似度以及根节点连接边的相似性的加权求和，即

$$\text{Sim}(\text{GDO}, \text{UO}) = \text{Vsim}(\text{GDO}, \text{UO}) \times W_1 + \sum_{i=1}^{n} \text{Lsim}(l_i, l_j) / n \times W_2 \tag{4-5}$$

其中，n 为根连接边总数；W_1 和 W_2 为在相似度计算中节点和边各自的权值，W_1 和 W_2 之和为 1。

（4）各节点的迭代。把一个本体中的任意一个子本体看成根节点，它和它的下层本体或者属性即重新构成了原本体的一个子本体，然后本章算法把本体中的每一个子本体都作为一个根节点加以计算。两本体的相似性是由所有节点的相似性以及边的相似性加权组成的。其中，GDO_i、UO_i 可看作 GDO、UO 的子节点。W_i 的值是每层子节点的权值，与其在层次结构中的深度系数有关：

$$\text{Zsim}(\text{GDO}, \text{UO}) = W_0 \times \text{Sim}(\text{GDO}, \text{UO}) + \sum_{i=1}^{n} \text{Sim}(\text{GDO}_i, \text{UO}_i) \times W_i \tag{4-6}$$

$$W_0 + W_1 + \cdots + W_n = 1$$

具体算法描述如图 4-19 所示。

```
领域本体的图匹配算法
输入：GDO 表示网格领域本体，UO 表示网格领域虚本体
输出：两个本体的相似度
BEGIN
(1) Zsim(GDO, UO)=0;      //初始化
(2) 计算每个子本体的深度系数;
(3) Vsim(GDO, UO);
//计算以这 2 个本体为根节点的子本体的相似性
(4) for(all edges of l_i)
    //两个本体根节点发出的边之间的相似性
       for(all edges of l_j)
          Lsim(l_i, l_j);            //计算边之间的相似性
(5) Sim(GDO, UO);
//根节点综合相似度的计算
(6) if 有子节点
        开始递归，把边指向的节点作为下次递归的入口节点;
(7) Zsim(GDO, UO);
//根据从边出发的子本体节点的累加相似性，把几个节点按权值相加得出两个本体的相似度
(8) return Zsim(GDO, UO);    //输出相似度的值
END
```

图 4-19　语义网领域本体匹配算法描述

5）本章算法的特点

本章提出的这种结合语义网领域本体本身特性的图匹配方法是一种基于语义的

本体匹配算法，在保证匹配质量的同时尽可能提高本体匹配的效率，实现了语义网本体图匹配和语义网计算能力的较好结合，其具有以下特点。

（1）在图匹配技术的基础上加以改进和简化，在保证匹配准确度的基础上，简化了计算的复杂度，提高了匹配效率。

（2）用具体的相似度值来衡量两个本体的相似性，具有定量分析的能力，比原有的定性分析更精确。

（3）为应用打下了基础，即在检索调用时，只需对相似度值靠前的那些结果中的语义网领域本体进行检查，根据语义网领域本体中的 Gstate 属性，结合匹配结果判定匹配是否可用。

（4）本章为了解决本体与本体匹配这个问题，提出了语义网虚本体的思想，用来实现真正的本体之间的匹配。

4.3.6　语义网本体自动构建理论下服务本体的匹配

1）语义网服务本体匹配的原理

语义网服务本体匹配是依据语义网用户提出的要求在语义网服务本体库中进行匹配，找出适合的服务本体。由于使用图匹配理论，需要把用户对服务的描述转化为语义网服务本体的形式，即语义网服务虚本体，从而为匹配打下基础。因此在本章中语义网服务匹配的实质就是语义网用户服务要求转化而来的虚本体在语义网服务本体库中的图匹配，如图 4-20 所示。

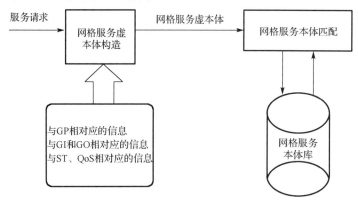

图 4-20　语义网服务本体匹配的原理

2）语义网用户服务请求的虚本体化

语义网用户服务请求的虚本体化就是把用户提出的服务请求通过转化变成语义网服务虚本体的形式。即把用户的请求信息转化为采用 OWL-S 描述本体结构服务的语义网服务虚本体，从而为下一步的服务匹配提供相同的本体结构。这部分功能一般是由语义网检索系统的语义解析模块实现的，语义网的用户在查询服务时只需填入关键字并选择相关分类或概念。

在第 3 章的语义网服务本体构建中，语义网服务本体 GS_i(GP, GI, GO, ST, QoS)是一个五元组。

通过对语义网服务本体结构的分析可以看出，要构建语义网服务虚本体需要按照语义网服务本体的格式，因此需要语义网信息检索的用户提交以下几类信息的描述，来实现语义网虚本体与语义网服务库中的服务本体相对应。

（1）与 GP 相对应的信息。用户这些信息的提交用以在构造服务虚本体中描述语义网服务本体的基本信息，它们描述了语义网服务的服务名称、服务分类和语义网服务的描述信息等基本信息。

（2）与 GI 和 GO 相对应的信息。GI 表示该语义网服务的输入集合，GO 表示语义网服务的输出集合，要构建这类信息就需要语义网用户提交描述服务的输入（input）、输出（output）、前置条件（precondition）、效果参数（effect）等信息。在研究中，人们习惯把这四类信息简称为 IOPE。这些提交信息主要在构建用户服务虚本体中描述所需服务有什么样的功能需求。

（3）与 ST、QoS 相对应的信息。ST 表示语义网服务的状态，QoS 是语义网服务质量的描述。这些信息就要求用户提交语义网服务请求的同时，提交对语义网服务状态和语义网服务质量的要求等非功能属性信息，其中如果只想完成匹配而不继续调用服务，则 ST 相关的信息可以忽略。与 QoS 相对应的信息，则需要用户提交语义网服务的运行成本、响应时间和服务的稳定性等参数。

如果某项或者某些信息在语义网用户提交服务检索时没有填写，那么在构建语义网虚本体时就默认这一项或者几项在匹配时始终满足，不作为约束条件。

3）语义网服务本体匹配的功能技术分析

语义网服务本体的匹配实际上是语义网用户提出的语义网服务虚本体与存储在语义网服务本体库中的语义网服务本体的一种匹配，具体过程中，是一种格式的两个本体的逐项匹配的组合。结合前面的分析和前人的研究成果，语义网服务本体匹配实际上包含三个方面的内容。

（1）语义网服务虚本体和语义网服务本体在基本概念上的匹配。具体过程中，以其属性值所属概念模型的类别为基础，对两个服务本体在基本概念层面上进行逐项比对，由于这个层面的描述信息非常多，表现出来的就是 OWL-S 描述的 Profile 实例可以有很多的属性值，但是为了提高两者之间服务匹配的高效性，通过删除无关的属性等，主要保留对两者服务类别的匹配、两者服务名称的匹配和两者关于文本描述的匹配三个方面。其他信息由于重要性不足而被舍弃。

在匹配技术的选用上，由于服务类别、服务名称和有关文本描述的信息都是字符串构成的，所以在此阶段多采用文本相似性的比较。比较常用的有关键字匹配算法和向量空间计算法，两者都较为成熟有效。

（2）语义网服务虚本体和语义网服务本体对服务语义关联度的匹配。该层是对两个本体的功能属性进行匹配，具体功能是对虚本体的服务功能进行语义描述，使得能够在理解的基础上发现对应的语义网服务本体，这个过程是语义匹配实现的基础，是语义网服务本体匹配中最关键的部分。该层主要包括两个服务本体即语义网服务虚本体和语义网服务本体在输入、输出、前置及效果四个方面的匹配。

在技术实现层面上，由于要进行语义的解析比对，目前多数使用的是基于语义的匹配技术。关于这方面的研究成绩斐然，其中最著名的是 Paolucci 提出的弹性匹配算法。其在输入、输出两方面分别在语义上匹配，然后加以综合处理。

（3）语义网服务虚本体和语义网服务本体在服务质量上的匹配。这个层面的匹配实际上是为语义网服务的应用打基础的。由于语义网资源的极大丰富性和动态性的特点，通过对语义网服务本体服务响应时间、服务成本和服务可靠性的要求可以为语义网服务的调用打下基础。

4）现有服务本体匹配算法的解析

在现有技术中，最为著名的就是 Paolucci 提出的弹性匹配算法。经典的弹性匹配算法并不是针对语义网服务本体匹配提出的，它适用于两个服务，即服务请求（Service Requester，SR）和服务提供（Service Provider，SP）语义关联度的匹配的一切情况。其建立在当服务能为用户请求所用时，服务和用户请求就能够匹配的假设之上。具体地讲，就是服务的输出可以满足用户请求的输出以及用户请求的输入可以满足服务的输入。

在具体实现上，其在输入、输出两个方面分别在语义上匹配，从而保证被匹配的服务满足用户请求，然后加以综合处理。匹配算法如图 4-21 所示。

```
服务输出参数之间的核心匹配算法如下：
degreeOfMatch(outR, outA):
if outA = = out R then return exact
if outR subclassOf outA then return exact
if outA subsumes outR then return plugIn
if outR subsume outA then return subsume
otherwise return disjoint
其中，outR 表示用户请求的输出，outA 表示服务提供的输出
服务输入参数之间的核心匹配算法如下：
degreeOfMatch(inR, inA):
if inA = = inR then return exact
if inR subclassOf inA then return exact
if inA subsnmes inR then return plugIn
if inR subsume inA then return subsume
otherwise return disjoint
其中，inR 表示用户请求的输出，inA 表示服务提供的输出
```

图 4-21　IOPE 匹配算法描述

通过算法的描述可以看出，该算法最大的特殊之处就是在传统结果匹配和不匹配两个结果的基础上，提出了两个服务之间匹配的结果有四种：精确匹配（exact）、插拔匹配（plugin）、包含匹配（subsume）、匹配失败（fail）。

其中，精确匹配是指两个服务之间在语义上完全等价，如果用服务本体来描述，就是指两个服务本体的一致性，即同一本体，这样的匹配情况是最理想的。服务的插拔匹配是指服务请求和服务提供在服务输出中包含用户请求输出，表现形式为用户请求输出可以被服务输出所取代。服务的包含匹配是指供给超过了需求，如你需要一个包子来解除饥饿，但是提供方却提供了包括包子在内的一切面食让你选择；在形式上表现为服务请求者的输入和输出皆为提供服务的真子集。匹配失败是指两者之间几乎没有语义联系，反映在形式上就是两个服务无论输入还是输出都没有交集。另外，弹性匹配算法还有一定的语义推理能力，如图 4-22 所示。

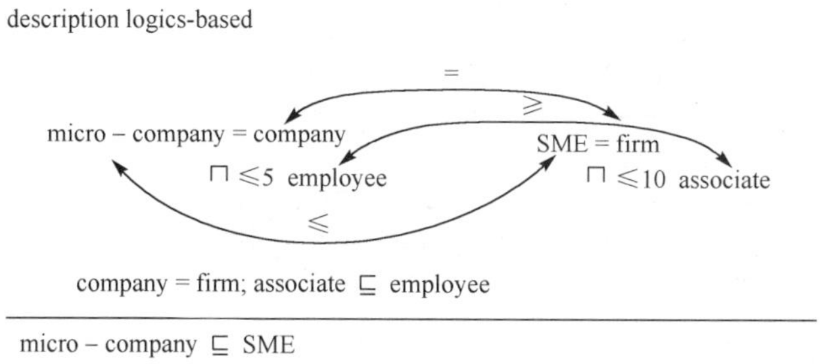

图 4-22　弹性匹配算法语义推理示意图

经典的弹性匹配算法弥补了只允许基于关键字匹配的不足，使匹配结果由布尔型的完全匹配或者不匹配扩展为四类。采取这四类标准，对匹配结果的表述无疑更精确一些。根据经典的弹性匹配算法发展起来的一些关于服务匹配的算法使匹配的效率和效果进一步提高，其中广西师范大学的李春梅提出的基于语义的服务匹配方法中提出了分级匹配的思想，华东交通大学的王伟、李东等进一步规范了语义网的匹配技术，本书在研究中也借用了其中的一些成果。

5）语义网服务本体匹配算法的改进

虽然前面提到的经典的弹性匹配算法及其改进算法使语义网中的服务本体的匹配成为可能，并可取得较好的效果。但是仍然存在着一些问题。

（1）经典的弹性匹配算法虽然能较好地对服务语义进行关联度的匹配，采用分类的方式将匹配的输出结果分开，不同的类别代表不同的匹配程度。但是这种定性分析的方法，在匹配上还欠缺一定的准确度，如服务 A 与服务 B、服务 C 都存在插拔匹配，但是插拔匹配是否完全一样有待考量。也就是说没有定量而只有定性的算法在描述上欠缺准确度。

（2）目前另外的研究成果虽然在定量方面作出了改进，如前面提到的王伟、李东等在经典算法上的定量的改进，但不能做到善始善终。他们只把服务语义关联度的匹配做到了定量分析，但是在基本概念上的匹配和非功能性匹配方面又回到分级的做法，如在服务基本信息的匹配和某些参数的匹配方面回归分级的描述。

（3）现有的算法中，很少体现语义网本体的优点。

针对以上缺陷，本章依据弹性匹配算法和其他服务分级匹配的思想，并结合语义网服务本体的特征对现有匹配算法进行了改进。流程如图 4-23 所示。

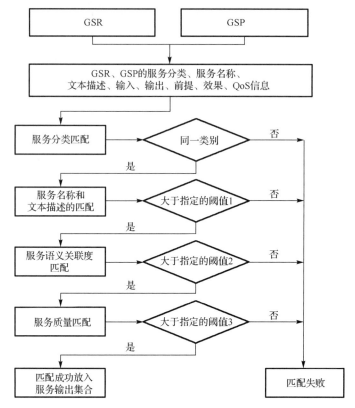

图 4-23   改进后的语义网服务本体匹配流程

（1）匹配本体的预处理。在对服务请求形成的虚本体和语义网服务本体库中的服务本体进行匹配之前，可以对其进行预处理。这个过程主要针对两个本体中服务分类的比较。如果两个服务归属的实例的分类不能匹配，则说明这两个服务本体不可能具有足够的相似性，再比较下去也没有什么意义，即可以结束本次匹配的过程。如果两者之间的服务分类能够匹配，然后进行服务名称、服务分类描述的匹配，服务语义关联度的匹配等后续操作，这样可以大大提高服务匹配的效率。

在具体实现上，语义网服务虚本体服务分类可以来源于用户的输入和选择，并存储在语义网服务虚本体的 SserviceCategory 属性中，语义网服务本体库中的服务分类在 OWL-S 文件的 Profile 实例中，属性名也为 SserviceCategory。

如果这两个服务属性的分类采用统一分类法，只需要判断两个属性的相似度即可。我们将其服务属性分类抽象成两个本体，利用在语义网领域本体中构建的分层模型，利用图计算，以两个本体在层次模型中到达共同祖先的路径长度的倒数作为相似度，即

$$\text{SCsim(GSR,GSP)} = \frac{1}{\text{length}(a) + \text{length}(b)} \tag{4-7}$$

其中，SCsim(GSR, GSP)为服务分类相似度值；length(a)、length(b)分别代表其服务分类表示的两个本体到最近共同父节点的深度。两个数的和越大，说明其在图中的位置越远，相似度越低。如果没有采用统一分类法，则可借助本体自身的映射功能去解决。

（2）其他基本服务信息的匹配处理。这样在服务基本信息匹配上就剩下服务名称和服务分类描述的匹配，在这两个属性匹配方面，鉴于其本质上是一种字符串的描述，目前有基于关键字和向量空间相似度两种比较方法。基于关键字的比较方法简单易用，但是准确率偏低；向量空间相似度比较方法的计算准确率较高，却计算量较大，语义网服务能提供强计算能力，所以本章选择采用向量空间相似度的计算来确定两个本体的这两个方面是否匹配。

由于两种匹配方法相同，下面以服务名称匹配来举例。

对含有 n 个特征项的服务名称描述而言，通常会给每个特征项赋予一定的权重表示其重要程度。即 $d = d(T_1, a_1; T_2, a_2; \cdots; T_n, a_n)$，简记为 $d = d(a_1, a_2, \cdots, a_n)$，我们把它称为服务名称描述的向量表示。其中 a_k 是 T_k 的权重，$1 \leqslant k \leqslant N$。在上面服务名称描述的向量表示式中，假设 a_1、a_2、a_3、a_4 的权重分别为 30、20、20、10，那么该服务名称描述的向量表示为 $d(30, 20, 20, 10)$。在向量空间模型中，两个服务名称描述 d 和 q 之间的内容相关度 Sim(d, q)常用向量之间夹角的余弦值表示，即

$$\text{Sim}(d, q) = \frac{d \cdot q}{\| d \| \cdot \| q \|} \cdot = \frac{\sum_i (a_i \cdot b_i)}{\sqrt{\sum_i a_i^2 \cdot \sum_i b_i^2}} \tag{4-8}$$

其中，a_i、b_i 分别表示服务名称描述 d 和 q 第 i 个特征项的权值，$1 \leqslant i \leqslant N$。余弦计算的好处是，结果正好是一个 0～1 的数，如果向量一致就是 1，如果正交就是 0，符合相似度百分比的特性，余弦的计算方法为向量内积除以各个向量的模的乘积。在本章中，可以利用类似的方法来计算服务名称描述之间的相关度。例如，服务名称描述 D_1 的特征项为 a、b、c、d，权值分别为 30、20、20、10，服务名称描述 C_1 的特征项为 a、c、d、e，权值分别为 40、30、20、10，则 D_1 的向量表示为 $D_1(30, 20, 20, 10, 0)$，C_1 的向量表示为 $C_1(40, 0, 30, 20, 10)$，则根据式（4-8）计算出来的服务名称描述 D_1

与服务名称描述 C_1 的相关度是 0.86。

本章经过服务名称相似度的计算后，把它们的相似度值定义为 SNsim(GSR, GSP)，其中 GSR 用来表示语义网服务虚本体，GSP 用来表示语义网服务本体库中的待匹配本体。同样用 SPsim(GSR, GSP) 来表示服务分类描述的相似度。

这样，即可以计算两个服务本体基本信息的相似度：

$$Bsim(GSR,GSP) = \omega_1 \times SPsim(GSR,GSP) + \omega_2$$
$$\times SNsim(GSR,GSP) + \omega_3 \times SCsim(GSR,GSP) \quad (4\text{-}9)$$

其中，$\omega_1 + \omega_2 + \omega_3 = 1$，$\omega_1$、$\omega_2$、$\omega_3 \in [0,1]$。

（3）语义网服务语义关联度匹配处理。为了能描述服务匹配程度，这里提供了一个量化的标准，即语义关联度，它能精确给出服务的匹配程度。该层是对两个本体的功能属性进行匹配，具体功能是对语义网服务虚本体的服务功能的语义描述，使得能够在理解的基础上发现对应的语义网服务本体，这个过程是语义匹配实现的基础，是语义网服务本体匹配中最关键的部分。实现语义关联度的匹配，就是要实现服务在功能关联度上的匹配。在 OWL-S 服务本体的描述文件中的 Profile 实例分别利用 Input、Output、Precondition、Effect 来描述输入、输出、前置条件和效果。在研究中，人们习惯把这四类信息简称为 IOPE。因此人们把这个过程又称为 IOPE 匹配。

这个过程的原理是通过把输入、输出、前置条件和效果参数与本体中的类相关联，实现服务功能的语义描述，逐级匹配是它最大的特色。

如果 GSR 用来表示语义网服务虚本体，GSP 用来表示语义网服务本体库中的某个待匹配本体，那么 IOPE 匹配转化为五个步骤，分别实现四个参数集合的匹配和最后的综合计算。

在下面的描述中，语义网服务虚本体的输入参数集合用 GSRI 表示，其输出参数的集合用 GSRO 表示，其对前提条件参数的要求转化成集合 GSRP，其对结果影响参数的期望转化成集合 GSRE。

同样，语义网服务本体库中的待匹配本体，也是语义网服务的提供者。其输入参数集合用 GSPI 表示，其输出参数集合用 GSPO 表示，其对前提条件参数的要求转化成集合 GSPP，其对结果影响参数的期望转化成集合 GSPE。

下面对这几个步骤进行叙述。

输入参数集合的匹配：从本体概念类之间的各种关系来考虑，当提供服务的一个输入参数和请求服务的一个输入参数在同一个本体中定义时，则保留；若不在同一个本体中定义，由于其服务分类的相似度过低，则将其淘汰。有以下四种可能出现的相似度值。

① GSRI 和 GSPI 两个集合在语义上等价，或者是同一概念，其相似度值设为 1，

这是匹配最完美的情况。说明服务提供本体正好满足请求者所需要的服务，既能满足，又不浪费资源。

② GSRI 包含于 GSPI，这种情况也就是说服务请求者有多个输入从概念到个数都是提供服务的子集，说明此种匹配也符合服务请求者的需求，所以匹配度同样取值 1。

③ GSRI 与 GSPI 如果存在插拔现象，说明服务提供者提供的所有参数只有部分满足服务请求者的需求，其定量计算为服务请求者参数的个数与服务提供者共同的参数交集与并集之比。

④ GSRI 与 GSPI 如果存在相交现象，说明在语义上没有直接的关联，但二者之间即请求服务与提供服务有共同的交集。为了查全率的需要，这种现象也不能忽略。其计算公式较为复杂。

具体的计算公式如下：

$$\mathrm{Isim(GSRI,GSPI)} = \begin{cases} 1 \\ 1 \\ \dfrac{|\mathrm{GSRI}| \cap |\mathrm{GSPI}|}{|\mathrm{GSRI}| \cup |\mathrm{GSPI}|} \\ \sqrt{\dfrac{|\mathrm{GSRI}| \cap |\mathrm{GSPI}|}{|\mathrm{GSRI}| \cup |\mathrm{GSPI}|} \times \dfrac{|\mathrm{GSRI}| \cap |\mathrm{GSPI}|}{|\mathrm{GSRI}|}} \end{cases} \qquad (4\text{-}10)$$

同样的方法计算输出参数集合的匹配相似度 Osim(GSR, GSP)、前提条件参数的匹配相似度 Psim(GSR, GSP)、输入参数集合的匹配相似度 Esim(GSR, GSP)，然后加权计算求出语义网服务语义关联度，即

$$\begin{aligned} \mathrm{IOPEsim(GSR,GSP)} &= \xi_1 \times \mathrm{Isim(GSR,GSP)} + \xi_2 \times \mathrm{Osim(GSR,GSP)} \\ &\quad + \xi_3 \times \mathrm{Psim(GSR,GSP)} + \xi_4 \times \mathrm{Esim(GSR,GSP)} \end{aligned} \qquad (4\text{-}11)$$

其中，$\xi_i \in [0,1]$，同时 $\sum_{i=1}^{4} \xi_i = 1$。这四个变量分别是输入集、输出集、前提条件集、结果影响集的权值。权值代表了这四个相似度不同的重要程度。如果用户没有对权值的要求，则可采用默认的平均权值，即代表这四个方面是同等重要的。

（4）语义网服务质量匹配处理。语义网服务质量简称 QoS，是语义网服务本体重要的描述因素，同时是对语义匹配的补充。QoS 描述了一个服务到底能否满足服务请求的需求，是语义网服务匹配后能否应用的关键。QoS 匹配的实质是对 OWL-S Profile 文件中的服务响应时间（time）、服务成本（cost）和服务可靠性（reliability）进行匹配。

① 时间是一个度量性能的通用尺度，包括服务请求到达和完成的时间、延迟时间、处理时间之和。

② 服务成本是指执行相关服务的费用。

③ 可靠性定义为成功执行次数与调度执行总次数的比率，用来保障服务的执行。

在进行服务匹配时，可能出现多个语义网服务本体满足语义网服务虚本体的情况，同时单纯从功能的相似性也无法判断出匹配到的服务在非功能方面是否能满足用户的需求，例如，有的服务可能价格过高或者响应时间过长，有的服务可靠性不好或者提供者蓄意夸大服务的功能。为了给用户提供一种评价服务的手段，同时保证匹配到的服务既能满足功能方面的需求，也能满足服务质量方面的需求，还需考虑服务的质量相似度。本章参考了《语义网匹配技术的研究》一文中服务质量的计算方法，即

$$Qsim(GSR, GSP) = \frac{}{\sqrt[3]{QoS\dim D(SP, SR, time) \times QoS\dim D(SP, SR, cost) \times QoS\dim D(SP, SR, reliability)}} \quad (4\text{-}12)$$

其中，三个参数分别表示语义网服务请求发出的时间与语义网发布服务的响应时间的相似度、成本相似度和可靠性相似度。

最后得到的相似度值记为 Qsim(GSR, GSP)。

（5）语义网服务本体匹配综合相似度的计算。当上面的四个步骤完成后，就可以分别得到语义网服务本体基本信息的相似度、IOPE 的相似度、QoS 的相似度。综合这三个相似度匹配得到的相似度，最终可以得到服务综合相似度，即

$$Zsim(GSR, GSP) = \xi_1 \times Bsim(GSR, GSP) + \xi_2 \times IOPEsim(GSR, GSP) + \xi_3 \times Qsim(GSR, GSP) \quad (4\text{-}13)$$

其中，$\xi_i \in [0,1]$，同时 $\sum_{i=1}^{4} \xi_i = 1$。这三个 ξ_i 变量分别是服务基本信息的相似度、IOPE 的相似度、QoS 的相似度的权值，权值代表了这三个相似度不同的重要程度。

6）具体匹配算法

在具体实现上，对服务基本信息的相似度、IOPE 的相似度、QoS 的相似度依次进行计算匹配，只有通过上一层匹配的服务才能进入下一层匹配，使服务集合逐渐缩小，最终得到满足用户请求的服务集合。具体算法如图 4-24 所示。

```
输入：包括用户请求服务本体 GSR 和服务提供本体 GSP(SP)
输出：满足用户请求的服务集合
匹配过程：
Matchmaking(GSR, GSP)
{
if(SCsim(GSR GSP) >= ZI&&SNsim(GSR,GSP) >= Z2&&SPsim(GSR,GSP)>=Z3)
Bsim(GSR,GSP)计算;//服务分类，服务名称和文本描述的匹配
if(Isim(GSR,GSP) >= Z4&&Osim(GSR,GSP) >=
Z5&&Psim(GSR,GSP) >=Z6&&Esim(GSR,GSP) >= 27)//Z1~Z7 皆为相应阈值
IOPEsim(GSR, GSP);//IOPE 的匹配
Qsim(GSR, GSP);//QoS 的匹配
```

```
Zsim(GSR, GSP);//综合相似度的计算匹配
if(Zsim(GSR, GSP) >= S1
(matchset.append(spService);//若匹配的服务满足用户的需求，则把该服务添加到服务集中
}
} else(//匹配失败，则返回 fail
Return fail;
}
}
//在返回前，根据用户请求和服务提供的相似度由大到小排列
Matchsetresult = Mathcsort(matchest);//按照相似度的大小降序排列
return Matchsetresult;
}
```

图 4-24　本章改进的语义网服务本体的匹配算法

4.4　本 章 小 结

　　本章在语义网本体匹配的研究中，依据提出的语义网本体自动构建理论，实现了语义网领域本体和语义网服务本体的分别匹配，同时对其匹配模式和匹配算法都进行了相应的改进与提高。在语义网领域本体匹配的研究中，本章提出了利用本体分层和图匹配来提高匹配准确率的方法；在语义网服务本体的匹配中，改进了现有的服务本体的匹配算法，从而实现了匹配全过程的定量分析。

第5章 语义网信息检索中本体组合及其匹配的研究

第 4 章探讨了如何在语义网环境下实现语义网本体的匹配，即语义网领域本体和服务本体分别匹配，但是其匹配模式实质上仅限于原子级别的匹配，即一个资源或者一个服务用以完成某个功能。然而，有时候语义网信息检索的用户提交的需求用一个资源或者某一个服务难以全部实现，或者根本不能实现，那么就需要多个资源或者服务的协作。这就要求我们在语义网环境下研究语义网信息检索时，不仅要研究原子资源或者服务匹配的情况，更要研究其组合而成的资源序列或者服务序列的问题。

5.1 语义网环境下本体组合研究的必要性

在语义网环境中，存在大量的资源和服务供语义网用户进行选择使用。语义网不仅能给用户提供简单的资源或者功能用以完成语义网任务，而且可以通过资源或者功能的协作实现大的工作任务。在语义网体系 OGSA 中，把语义网中的资源或者功能抽象为语义网服务。在这个理论下，OGSA 把整个语义网看作语义网服务集合。语义网就是一个可扩展的、动态的服务集合，在这个集合中有许多服务，用户可以利用这些服务来满足自己的需求。

从上面可以看出无论从资源角度还是服务的角度，由于单个服务提供的功能有限，无法满足实际的需要，组合问题不可避免。从资源角度来说，用户有可能调用一系列的资源，这些资源可能是有序的，也可能是无序的。从服务的角度来说，高级的、复杂的甚至抽象的服务也可能出现，因为用户的需求是无法预测的，这就需要组合某些服务来满足用户的需求。如何在语义网环境下数量庞大的资源和服务中查找我们所需要的那一部分，以及在查找的基础上，把这种动态的资源或者服务组合组装起来完成一个特定功能，甚至创建增值服务就成为这个方向的研究热点。所以，为了充分开发和利用语义网的能力，为人们提供更好、更多的资源或者服务，建立一个高效的、具有语义功能的语义网资源和服务协同组合机制是大势所趋。

同时，语义网本体思想的融入使开发语义网具有语义功能的语义网资源和服务协同组合机制成为可能。在前面的研究中，我们把语义网中大量的资源和服务分别抽象为语义网领域本体和语义网服务本体，分别以 OWL 和 OWL-S 文件的形式存储在语义网领域本体库和语义网服务本体库中，所以在语义网信息检索中语义网资源和语义网服务的组合问题就转化为语义网领域本体和语义网服务本体组合问题。从语义网领域本体库和语义网服务本体库寻找满足用户需求的资源或者服务组合成为其实质性的内容。

通过上面的描述，可以看出研究语义网下的本体组合问题尤为重要，其重要性体现在以下几个方面。

（1）充分发挥语义网性能的需要。

（2）更好地为用户提供服务的需要。

（3）完善语义网本体技术的需要。

5.2　语义网环境下本体组合的技术基础

本节将对涉及的 Web 服务组合以及发展而来的语义 Web 服务组合技术进行简单的概述。

由于本章的语义网本体组合的思想来源于语义 Web 服务组合，所以后面对语义 Web 服务组合的支撑技术进行了研究。鉴于语义 Web 标记语言技术和语义描述模型及本体技术已经较为成熟，本章主要对 Web 服务组合方法技术进行较为深入的研究。

Web 服务组合方法在技术实现上有两种方式，分别为静态和动态组合方法。静态组合是事先规定好的，即服务请求者在寻求 Web 服务组合前制定一个模板，模板内容包括需要哪些 Web 服务、Web 服务抽取匹配的先后顺序和 Web 服务组合输出的规定等内容，这种方式实际上是简单而常见的，出现在早期的 Web 服务组合中，至今已没有太多的研究价值；动态组合是用户并不参与具体的 Web 服务实现绑定，而是只给出所需新的 Web 服务的描述，由某种具体的技术动态地实现其具体的组合，这种动态组合方法虽然比静态组合技术复杂得多，但是由于更适应 Web 服务的动态性而备受关注。

目前主流的服务组合方法的研究成果主要有以下三种。

1）基于工作流的服务组合方法的研究

鉴于 Web 服务组合与工业过程中的工作流有很大的相似性，人们基于流程而提出来的基于工作流的服务组合方法，其目的是把当前工作流的相关研究工作的研究成果移植到 Web 服务组合中，从而实现基于某种目的的组合。

这种方法实际上是一种基于模型的方法，其要求事先知道 Web 服务流程的具体模型以及模型中每个阶段要求实现的功能和要实现的目标。这种基于工作流的模拟，使很多 Web 服务组合得以解决。其思路的简单性、实现的灵活性都得到了社会的公认。例如，IBM 公司提出的 WSFL（Web Services Flow Language）规范以及几个信息技术（Information Technology，IT）业巨头联合推出的 BPEL4WS（Business Process Execution Language for Web Services）即 Web 服务业务流程执行语言和称为 BPML（Business

Process Modeling Language）的业务流程建模语言推出后得到了很好的反响。很多基于工作流的服务组合具体应用项目，如 METEOR-S 系统设计 SELF-SERV 的原型系统的推出使 Web 服务组合得以较好地实现，其在 Web 服务组合的语义性和灵活性方面都有不错的表现。

实际上，工作流的服务组合方法的发展并不是一蹴而就的。其经历了三个发展阶段：预定义组合阶段、模板匹配组合阶段和需求构建组合阶段。

（1）预定义组合阶段。需要按照规定好的流程对需要的具体的 Web 服务的名称、组合顺序和组合结果等进行规定，其本质是一种静态的组合方法。由于在建模时就对具体的 Web 服务进行了绑定，其不适应 Web 服务复杂的动态环境，一旦模型确定，其内容不能作出更改，缺乏灵活性，但是由于其组合方式简单有效，还是得到了较多的应用。

（2）模板匹配组合阶段。模板作为一种规范、法则、典范，在计算机领域得到了广泛的应用。用模板的方法来进行 Web 服务组合的前提是在某个领域的专家为某些活动设定服务模板，这种模板具体表现为一种抽象服务。领域专家根据行业要求、领域知识和专家的先验知识，建立本领域的 Web 服务组合的领域模板。在这个模式下，用户在使用时只需在模板中对希望的目标服务进行描述，并不需要指定具体用以实现的 Web 服务组合，是一种较为简单的动态 Web 服务组合方式。这种 Web 服务组合方式虽然不需要在建模时给定具体的 Web 服务等信息，但是仍然需要在具体执行前实现所有 Web 服务的绑定，即确定符合条件的候选模板，这种方式的灵活性比静态 Web 服务组合稍好，但是其动态性和实时性一般，实现起来又需要大量的专家知识和经验，现实中采用的并不多，实用性较差。具体过程如图 5-1 所示。

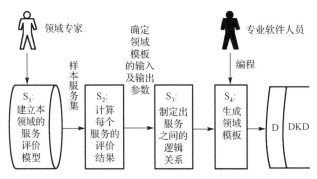

图 5-1　Web 服务模板组合的过程

（3）需求构建组合阶段。鉴于前面的预定义组合阶段、模板匹配组合阶段所采用的方法欠缺灵活性和动态性，在模板匹配方法的基础上，人们提出了需求构建组合方法，实现了一种一边构建，一边查找的模式。其主要思想是在执行前事先选择一个模板，这个模板只是一个抽象服务的表示；执行时，依据当时需要在不同时间阶段选择某一类型的最优匹配的 Web 服务。其由于实现了局部最优性，从而使整体性能得以提高。由于动态的服务替代了静态的组件，使得即时绑定成为可能，其动态性和灵活性都得到了较好的实现，这个阶段的成果也最多。

一些比较典型的基于工作流的服务组合在现实中已得到应用，其中在电子商务领域表现得尤为突出。例如，在已有电子商务业务流程中的任务执行过程中，可以采取动态绑定具体 Web 服务来不断满足用户需求的方法，本质上是一种需求构建组合方法的延伸，通过引入服务评价函数等方式，在高效利用现有资源的同时，有效地减少了由于服务的动态性而导致 Web 服务组合失败的可能性；为了在电子商务中提高对于 Web 服务的复用，在组合中采用自底向上的方法实现 Web 服务的互操作，结合自上而下分解用户的 Web 服务需求，构建了一种基于层次化分析方法的业务流程模型，这个过程用包含动态刻画业务逻辑的子流程来描述不同功能粒度的业务活动，从而可以通过电子商务检索业务活动子流程级别的复用。

另外一些研究成果为本章研究语义网环境下的本体组合提供了启发，如基于角色的分布式动态服务组合方法的研究就是基于开放环境提出来的，这个组合方法通过角色的本体流程模型刻画全局定义的流程模型，通过分解使服务节点能够无障碍地进行数据的交换，进而实现服务组合控制逻辑的下放，满足规模服务组合对自治性的需求。Arpinar 在其研究成果中展示的通过利用本体描述和服务间的关系去实现自动或者半自动的 Web 服务组合的方法更具有借鉴性，其提出的通过计算服务间的语义相似度和基于接口自动匹配技术的思想，在本章中也反复使用。

2）基于形式化的服务组合方法

基于形式化的服务组合方法的原理是通过引入形式化的工具提供对服务组合的模型性质分析和验证，从而找出满足某种规则的服务组合。这个过程是一个分析的过程，通过分析对 Web 服务组合的过程进行刻画，从而实现 Web 服务组合的最终目的；同时，基于形式化的服务组合方法又是一个对于现有的 Web 服务组合进行验证的过程，通过服务组合的形式化描述，进而检查新构造的 Web 服务组合的灵活性、有界性和有无死锁，从而验证现有 Web 服务组合模型的正确性。最常见的形式化的服务组合方法有基于 Petri 网的 Web 服务组合方法、基于进程代数的 Web 服务组合方法和基于 Pi 演算的 Web 服务组合方法。

（1）基于 Petri 网的 Web 服务组合方法。其是一种最经常采用的形式化工具，通过直观的图形化描述，把对服务组合中 Web 服务的各种基本结构（如顺序结构、循环结构等）进行形式化表达，把服务的操作和服务状态分别映射到 Petri 网中进行建模与验证。Petri 网还能处理并发的问题，在研究中被多数学者当作工具予以使用。其中 Narayanan 等在研究中将基于 DAML-S（DARPA Agent Markup Language for Service）的服务流程模型转变成 Petri 网，然后再利用 Petri 网作为工具对已提出的原子和复合型的 Web 服务组合流程进行有效、自动、定量的仿真分析。

（2）基于进程代数的 Web 服务组合方法。其是一类使用代数方法研究通信并发系统的理论的泛称，本质也是一种形式化语言，能够对 Web 服务组合过程中各个进程的行为和动态实体进行建模与描述，如顺序、并发和条件等过程可以通过严格的语义描述出来，进而对其构建过程进行验证。

（3）基于 Pi 演算的 Web 服务组合方法。其实际上是基于进程代数方法的一种延伸使用。Pi 演算在 Web 服务组合分析与验证领域相当活跃。多数基于 Pi 演算的 Web 服务组合方法是把 Web 服务的组合过程变成基于其进程表达式的演算，通过其较强的推演能力对系统行为的不完整、死锁等缺陷进行检查。

3）基于人工智能技术的相关服务组合方法

基于人工智能技术的相关服务组合方法又称 AI 方法，是目前研究的焦点。其本质是利用人工智能的思想来进行 Web 服务的有效组合。其依靠各种规划算法加以实现，过程通过输入、输出、前提和结果等参数来描述 Web 服务，依靠其规划算法强有力的形式化推理，来形成所需要的 Web 服务的有效组合。其中，基于情境演算（situation calculus）的方法、基于 HTN（Hierarchical Tack Network）的方法和基于规则的组合方法都是较常用的方法。

（1）基于情境演算的方法。其属于一阶逻辑语言规划方法。对经典情境演算进行适当改造，使之能描述含时间变元的行动，因为持续行动一般可认为是具有瞬时开始行动和瞬时终止行动的过程，因此可以将一个持续动作分解为两个时间上互不相交的瞬时动作，再引入一个新的关系流刻画这两个瞬时动作的执行情况，从而可在扩充后的情境演算中表达带时间参数的并发行动；在实现动态的 Web 服务组合时，每一个原子流程的前提条件表示为情境演算中活动的一个前提条件。

（2）基于 HTN 的方法。其是一种基于分布式层次任务网络的服务组合策略，分析了实现该策略的组件的结构和功能，并定义组件间的 Web 服务接口，给出该策略下跨组织流程的开发方式，并以应用实例说明该策略对开放组织之间业务流程开发的有效支持。其过程是通过采用分层分解的方法将复杂问题分层分解，进而将高层行动分解为一个低层行为的偏序集。基于 HTN 的方法支持模块化，同时方法易于扩展，尤其适合服务的自动组合。

（3）基于规则的组合方法。其建立在基于规则的逻辑系统之上，对每条规则增加某种"伪因子"以容纳不确定性，曾广泛应用于专家系统。这种技术在 Web 服务上选择一个最佳组合质量参数的组合方案。

另外，Web 服务组合还存在一些其他方法，但是由于使用规模有限，在这里不作分析。通过上面的分析，可以发现这几类算法各自有各自的特点，基于工作流的服务组合方法的成熟和易于理解、基于 AI 的服务组合方法的高灵活性和自动化程度、基于形式化的服务组合方法的强推理能力和验证功能等，这些都有在研究中借鉴的地方。三类服务组合的特点分析如表 5-1 所示。

表 5-1　三类服务组合的特点分析

特性＼方法	基于工作流	基于形式化	基于 AI
核心描述对象	活动	进程	动作与状态变迁
建模自动化程序	较低，依赖开发者建立组合服务模型	高	较高，以自动建模为目标
组合正确性保证	不直接支持，可借助 Petri 网等形式化工具进行分析和验证	自身验证功能	不直接支持，可借助 Petri 网等形式化工具进行分析和验证
执行自动化程序	强调执行的自动化	一般	对规划的结果进行转换，转换成能自动执行的方式
灵活性	一般	好	好
实现的难易	较易	难	难
实用性	具有实用化的基础	难	难

5.3　语义网环境下本体组合问题的实质

为了更好地解决语义网所面临的应用集成、资源共享、系统互操作和标准化等问题，在现有研究中，人们将 Web 服务技术引入语义网研究领域。本章通过对上述技术的研究，认为 Web 服务组合的思想同样适合语义网环境。因为它们本身的极相似性。

（1）两者都是开放性的环境。Web 是个开放性的环境，语义网实际上也是一个开放性的环境。

（2）两者都含有大量的资源。这点已毋庸置疑。

（3）两者都采用同样的服务思想。实际上，语义网服务的思想来源于 Web 服务。

（4）两者都有大量的服务去完成组合。Web 服务需要组合，而语义网在人们的设想中用来完成更复杂的任务，所以语义网服务更需要组合。

（5）两者都可以采用本体技术来描述资源。

本章主要关注基于本体描述语义网信息的研究。既然语义网上的资源和服务都是可以利用语义网本体来描述的，那么服务组合问题相应地转变成语义网本体的组合问题。语义网环境下的组合问题包含语义网领域本体的组合匹配和语义网服务本体的组合匹配。

但是我们在语义网领域本体的组合匹配问题的研究中发现，由于语义网领域本体是用来描述语义网资源的，其本体的组合匹配是极为简单的，因为对于资源的复杂要求，究其本质是一种在语义网领域本体库中选择一个子集的问题。如果这些子集发生交集，则不可避免地发生资源浪费问题，如果这些资源存在着输入、输出等关联，则又变为语义网服务本体的组合匹配问题，所以无须单独研究。本章将对语义网服务本体的组合匹配问题进行深入研究。

5.4 语义网服务本体的组合及匹配

如何从语义网领域本体库和语义网服务本体库寻找满足用户需求的资源或者服务组合成为关键，这就涉及四个问题。

（1）语义网用户服务请求的判定问题。要实现语义网用户提出的服务请求，需要语义网的服务组合来实现，如果有的只是单一的资源请求或者服务请求，其具体的理论技术在第4章中有详细的叙述，本章直接拿来使用；如果是个复杂服务，就需要服务组合本体的知识去解决。如何判定这个问题，则是语义网服务组合匹配问题的前提。

（2）语义网服务本体如何组合的问题。在语义网本体的自动构建理论下，语义网服务本体都已存储在语义网本体库中。要想查找语义网服务本体的组合，语义网服务本体能否组合成为关键。这个问题需要研究存储在语义网服务本体库中的语义网服务本体能够提供哪些服务组合，这些服务被组合出来后具体形态是怎样的。

（3）语义网服务本体组合的匹配问题。如何在语义网服务本体库中把所需服务的组合全部通过查找找出来，并找出最优的组合，即匹配问题。

（4）语义网服务的具体实施问题。如何把选择出来的组合在语义网环境下进行部署，即实施问题。这里就要牵扯到语义网调度技术。

5.4.1 语义网用户服务请求判定

语义网用户服务请求判定的研究是语义网服务本体组合和匹配技术使用的前提，如果只是单一的资源或者服务请求，使用单一的语义网服务本体就能完成，这里的单一功能的语义网服务本体称为语义网原子服务本体。语义网原子服务本体在语义网本体的自动构建理论下，已经存储在语义网服务本体库中，其查找匹配问题在第4章中已经详细描述。如果是复杂服务，就需要服务组合本体的知识去解决。

所以此问题的关键就是如何判定用户的服务请求是原子服务请求，还是需要语义网服务的组合来完成的复杂服务请求。目前关于这方面的研究很少，几乎没有，大量学者在研究时已经默认语义网服务的需求已经是复杂服务的需求，从而在这个研究背景下解决问题。

本书在第4章的研究中提出了语义网虚本体的思想，所以在这个背景下语义网用户服务请求判定的问题就转化为对语义网虚本体构造后产生的结果的判定问题，即产生的结果是一个语义网服务的虚本体还是一个虚本体的群的问题。

基于图技术理论，本章提出了基于 Prim 算法的语义网用户服务请求判定方法，其原理是两个概念的字义相似度越大，其权值越小，越容易建立在最小生成树里；如果权值过大，说明字义相似度很小，两个概念分属两个服务的可能性更大。

算法的具体过程如下。

（1）把语义网用户请求中所有涉及的概念，以 WordNet 词典来计算字义的相似度。其中，O_i、O_j 用来表示任意两个概念，$Zsim(O_i, O_j)$ 表示其字义相似度。

（2）构造语义网用户服务请求判定字义图。把 O_i、O_j 转化为图的定点 V_i、V_j，任意两个节点的相似度的倒数代表两定点路径的权值，即

$$W(V_i, V_j) = 1 / Zsim(O_i, O_j)$$

如果两个定点代表的概念的相似度为 0.2，那么其权值就为 5。

（3）构造语义网用户服务请求判定字义判定矩阵。

（4）利用 Prim 算法构造最小生成树，权值大于某一阈值时，单棵树停止构造。Prim 算法具体如图 5-2 所示。

（5）通过判定最小生成树的数目来判定是否需要语义网服务组合来实现。

通过上述过程，如果生成的最小生成树数目等于 1，则其是一个原子服务。如果其生成树数目大于 1，那么就是一个复杂服务，需要用服务组合来实现。

上述的算法虽然基于 WordNet 词典来计算字义相似度，不是语义相似度，其用来表现概念关系具有不确定性，但是在大多情况下，此方法能有效解决语义网用户服务请求判定问题。由于 Prim 算法的时间复杂度仅为 $O(n^2)$，此算法有很强的可行性。

```
/*Prim算法*/
void prim(GraphMatrix * pgraph, Edge * mst)
{
    int i, j, min, vx, vy;
    Float weight, minweigh;
    Edge edge;

    for(i=0; 1<pgraph->n-1; i++)        //用第一个节点相邻边初始化 mst 数组
    {
        mst[i].start_vex = 0; mst[i].stop_vex = i+1;
        mst[i].weight = pgraph->arcs[0][i+1];
    }

    for(i=0; i<pgraph->n-1; i++)          /*共需要选出 n-1 条边*/
        minweight=MAX;  min=1;
        for(j=i; j<pgraph->n-1; j++)   /*从所有边(vx,vy)(vx∈U,vy∈V-U)中选出最短的边*/
            if(mst[j]. weight<minweight)
            {
                minweight = mst[j].weight;
                min = j;
```

```
            }
        edge = mst[min]; mst[min] = mst[i]; mst[i] = edge; /*将 mst[min]加入最小生成树*/

        vx = mst[i].stop_vex;                    /*vx 为新加入的最小生成树的顶点的下标*/
        for(j=i+1; j<pgraph->n-1; j++){          /*调整 mst[i+1]到 mst[n-1]*/
            vy = mst[j].stop_vex; weight = pgraph->arcs[vx][vy];
            if(weight<mst[j].weight){
                mst[j].weight = weight; mst[j].start_vex = vx;
            }
        }
    }
}
```

图 5-2   Prim 算法

5.4.2   语义网服务本体组合问题

本章基于形式化描述的方法对语义网服务组合的可行性进行了研究和探讨，并通过形式化描述的方式呈现出来。

1）语义网服务本体组合概念的形式化描述

本章将已存储在语义网本体库中的语义网服务本体都视为原子服务本体，通过分析第 3 章中提出的语义网服务本体的结构：语义网服务本体 $GS_i(GP, GI, GO, ST, QoS)$是一个五元组。

（1）GS_i表示语义网服务的标识，用来标识一个语义网服务，i是标号。

（2）GP 表示此语义网服务的基本情况描述，其中的信息描述了语义网服务名称和功能。

（3）GI 表示该语义网服务的输入集合。

（4）GO 表示语义网服务的输出集合。

（5）ST 表示语义网服务的状态，一般用五个形态表示服务在执行过程中所处的状态：睡眠、就绪、挂起、运行和停止。

（6）QoS 是语义网服务质量的描述。语义网服务质量主要包括服务的运行成本、响应时间等非功能属性。

GS_i表示语义网服务的标识，其在语义网服务组合中无意义；ST 表示语义网服务的状态，其在组合前就该判断；QoS 是语义网服务质量的描述，组合中变化性太大无所考量。那么需要考虑的只有输入和输出两个因素，前提条件和执行效果等可看作对输入与输出参数的角色约束，也就是说仅将原子服务建模为一个带有输入和输出的功能接口。通过上面的优化，对语义网服务本体中所包含的状态变化更替和原子服务间时间顺序关系等非决定性因素不予考虑。因此，在下面进行形式化描述时，只考虑了语义网服务本体中的输入和输出因素。

（1）语义网原子服务本体的形式化描述。语义网原子服务本体定义为语义网提供的一个不可再分的服务，其有自己完整的结构和独立的功能，定义为 $GSA_i(I_i, O_i)$，其中 i 的取值为 $1 \sim N$，代表所有原子服务本体的总数目。I_i 是该语义网原子服务本体的输入集合；O_i 是该语义网原子服务本体的输出集合。

（2）语义网原子服务组合本体的形式化描述。语义网服务本体库中不仅存储了所有的语义网原子服务本体，而且存储了语义网系统中所有能提供的服务组合，每一个语义网服务组合定义为 $GS_i(I_i, O_i)$，GS_i 是语义网服务组合的标识符，代表了某一个语义网服务本体的组合本体形成的语义网服务；每一个 $GS_i(I_i, O_i)$ 都是由一个 $GSA_i(I_i, O_i)$ 自身或者一系列的原子服务本体的组合组成的，所有的语义网服务组合 $GS_i(I_i, O_i)$ 自身或者某些 $GS_i(I_i, O_i)$ 的组合构成了所有的语义网服务，其服务组合本体的输入集合为所有构成此服务本体的 $GSA_i(I_i, O_i)$ 输入集的集合，服务输出集合为所有构成此组合服务本体的原子服务 $GSA_i(I_i, O_i)$ 输出集的集合。

（3）语义网服务组合目标本体的形式化描述。语义网服务组合目标本体是一个语义网服务组合希望达到的目标，其来源于用户的需求。本章中用下面的表达式来定义：$GSR_j(I_j, O_j)$。其中，GSR_j 是语义网服务组合目标本体的标识符，I_j 是该语义网服务组合目标本体的输入集合，O_j 是该语义网服务组合目标本体的输出集合。

2）语义网服务本体组合原理

本章在研究中将原子服务建模视为一个带有输入和输出的功能接口，正是基于这一点将原子服务本体中的输入、输出抽象成为服务本体中的概念，借助于各个语义网服务本体之间的语义关系，即通过计算本体库中每两个服务本体之间的语义相似度来衡量语义网原子服务本体之间的可组合性。

语义网服务本体组合的任务是从语义网服务本体库中发现一组语义网服务本体可以满足用户特定的请求，即构建语义网服务组合目标本体。根据用户服务请求的不同，语义网服务组合目标本体的未知性，得到的可能是语义网服务本体库中的一个语义网服务本体或一个服务本体的某种服务链，由于语义网环境的错综复杂，更可能是一个更加复杂的带有分支和汇合结构的原子服务本体集合。

为了确保语义网服务本体经过组合后达到预期，即完成语义网服务组合目标本体的组建。起码满足 $GSR_j(I_j, O_j) \subseteq \{GSA_i(I_i, O_i)\}$，其中 i 的取值为 $1 \sim k$。这就要求 GSR_j 的输入是这 $1 \sim k$ 个 GSA_i 输入的子集，同时要求 GSR_j 的输出是这 $1 \sim k$ 个 GSA_i 输出的子集。

也就是说，语义网服务本体组合选择的原子本体与语义网服务组合目标本体存在着某种语义关联，同时被选择的语义网服务本体集合中任意两个服务本体也存在着某种语义关联，即其语义关联度必须大于某个阈值。这就是语义网服务本体组合中选择原子服务本体的原理。

3）语义网服务本体组合结构

语义网服务组合中服务的关系可分为两类，其中一类是语义网服务组合中的服务不存在执行的先后顺序，这种情况是最简单的，反映到形式上就是一系列满足要求的语义网原子服务本体的集合。这些语义网原子服务的关系是平行的，不存在任何关联，只需要满足原理需求即可，即要求 GSR_j 的输入是这 $1\sim k$ 个 GSA_i 输入的子集，同时要求 GSR_j 的输出是这 $1\sim k$ 个 GSA_i 输出的子集。这种情况根据目的组合的需求，输出相应的一组服务即可。另一类是服务之间存在执行的先后顺序，我们要研究的则是这种情况。存在顺序的服务流程一般划分为三种类型：顺序语义网服务本体的组合、并行语义网服务本体的组合和混合服务本体的组合。

（1）顺序语义网服务本体的组合。在语义网服务流程中，一个服务在另一个服务结束之后执行，将这种复合方式称为顺序语义网服务本体的组合。其表现形式如图 5-3 所示。

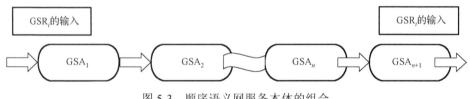

图 5-3　顺序语义网服务本体的组合

通过图 5-3 可以看出给定原子服务本体集合 $\{GSA_i\}$ 和组合目标 GSR_i 之间存在下列关系，组合目标 GSR_i 可以看作发现一个满足目的需求的顺序关系的原子服务本体链——从 GSA_1 到 GSA_{n+1}，对于两个语义网原子服务 $GSA_i(I_i, O_i)$ 和 $GSA_j(I_j, O_j)$，如果有 $O_i \subseteq I_j$，则称从服务 GSA_i 到服务 GSA_j 语义关联，记为 $GSA_i \alpha GSA_j$，并将其语义关联度记为 $AD(GSA_i, GSA_j)$，其中，GSA_i 称为 GSA_j 的前驱服务，GSA_j 称为 GSA_i 的后继服务，任意两个原子本体的 $AD(GSA_i, GSA_j)$ 大于规定的阈值。

在这种组合中，GSA_1 的输入包含 GSR_i 的输入，GSA_{n+1} 的输出包含 GSR_i 的输出，其形式化描述如下。

一个语义网顺序服务组合是指能够满足某个组合目标 GSR_j 的一个原子服务或者一个服务序列 $GSA_1, \cdots, GSA_{n+1}$，该序列满足以下三个条件。

① $GSR_j \alpha GSA_1$，且 $AD(GSR_j, GSA_1)$ 大于规定的阈值。

② 该序列中任意两个相邻的服务 GSA_m 和 GSA_{m+1} 都满足 $GSA_m \alpha GSA_{m+1}$，且 $AD(GSA_m, GSA_{m+1})$ 大于规定的阈值。

③ $GSA_{n+1} \alpha GSR_j$，且 $AD(GSR_j, GSA_{n+1})$ 大于规定的阈值。

这种组合实际上是较为简单的，在语义网顺序服务术体组合的过程中，通过首

先发现能够匹配 GSR_j 的输入集合的 GSA_1，通过语义相关度计算找出 GSA_2，要求前驱服务完全满足后继服务，使 GSA_1 输出集合匹配 GSA_2 的输入集合，然后同一过程反复操作，直到发现 GSA_{n+1} 的输出集合能够匹配 GSA_1 的输入集合。

（2）并行语义网服务本体的组合。构成复杂语义网服务的语义网本体的组合不仅有顺序的链式结构，还有并行关系，如图 5-4 所示。

图 5-4　并行语义网服务本体的组合

通过研究发现，这种并行问题实际上可以分解成两种模型，如图 5-5 所示。

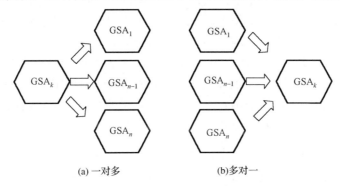

(a) 一对多　　　　　　　　(b) 多对一

图 5-5　并行问题的分解模型

一对多组合关系：一个服务的输出作为多个后继服务的输入，在控制结构中被人们习惯称为分支。

多对一的组合关系：多个服务的输出作为一个后继服务的输入，在控制结构中被人们习惯称为汇合。

而分支和汇合结构则是一个服务的多个前驱服务或后继服务同时需要被组合的情形，为了避免运算这种复杂的关系，我们引入了语义网服务本体组的概念。语义网服务本体组是对一对多和多对一关系的抽象，其把这两种关系分别抽象为一个语义网服务本体，并定义如下。

一对多并行结构语义网服务本体组合是指能够满足某个目标组合 GSR_j 的一个

原子服务本体或者一个服务序列 $GSA_1, GSA_2, \cdots, GSA_n, GSA_k$ 中存在下面的情况。

① 语义网原子服务本体序列 $GSA_1, GSA_2, \cdots, GSA_{n+1}$ 并行执行，且所代表的服务都是原子服务 GSA_k 的后继服务，而 GSA_k 是序列 $GSA_1, GSA_2, \cdots, GSA_n$ 的唯一前驱服务。

② 语义网原子服务本体序列 $GSA_1, GSA_2, \cdots, GSA_n$ 的输出集作为服务组的输出集，GSA_k 的输入集作为服务组的输入集，其内部语义关联度为 $GSA_1, GSA_2, \cdots, GSA_n$ 分别与 GSA_k 语义关联度之和。

多对一并行结构语义网服务本体组是指能够满足某个目标组合 GSR_j 的一个原子服务本体或者一个服务序列 $GSA_1, GSA_2, \cdots, GSA_n, GSA_k$ 中存在下面的情况。

① 语义网原子服务本体序列 $GSA_1, GSA_2, \cdots, GSA_{n+1}$ 并行执行，且所代表的服务都是原子服务 GSA_k 的前驱服务，而 GSA_k 是序列 $GSA_1, GSA_2, \cdots, GSA_n$ 的唯一后继服务。

② 语义网原子服务本体序列 $GSA_1, GSA_2, \cdots, GSA_n$ 的输入集作为服务组的输出集，GSA_k 的输出集作为服务组的输入集，其内部语义关联度为 $GSA_1, GSA_2, \cdots, GSA_n$ 分别与 GSA_k 语义关联度之和。

经过上述结构的转变，完全可以把并行结构的语义网服务本体组看作一个原子服务，并在语义网服务选择中作为一个原子服务来操作，这样就可以把并行服务问题回归到前面描述的顺序语义网服务本体的组合问题，并加以选择。

（3）混合服务本体的组合。由于语义网服务本体库中的本体是 OWL-S，在 OWL-S 所提供的控制结构中，分支、汇合和顺序是最基本的构造符，而且只有这三种是原子结构，其他构造算子可看成基本构造算子的复合，都是由以上三种结构实现的。所以这个问题又转变为前两种结构组合的问题。

4）语义网原子服务本体组合构建的算法

语义网原子服务本体组合的构建过程可用下列算法来描述。

（1）将构建组合的目标 $GSR_j(I_j, O_j)$ 对照相应语义网服务本体库进行概念统一标准化的语义解析。

（2）计算语义网服务库中各个原子服务本体间的语义关联度，即计算任意两个语义网原子服务本体的相似度 $\overset{w}{\underset{k=1}{Y}} AD(GSR_j, GSA_k)$，计算完毕后按其值从大到小将原子服务本体排序，其中 $w > 0$ 时，其代表为目前语义网服务本体库可用的语义网服务数。

（3）规定一个阈值，然后在此基础上选择服务 $\overset{n}{\underset{k=1}{Y}} GS_k$，且满足 $GetsI(GSR_j) = \overset{n}{\underset{k=1}{Y}} Gets\, I(GS_k)$。若 $\overset{n}{\underset{k=1}{Y}} Gets\, O(GSA_k) \supseteq Gets\, O(GSR_j)$，则寻找语义网服务本体组合

完成，成功返回，否则转第（4）步，其中 n 为当前选择的服务本体数。

（4）更新剩余的 $\mathrm{GSR}_j(I_j, O_j)$，其中 $I_j = \overset{n}{\underset{k=1}{Y}} \mathrm{Gets}\, O(\mathrm{GSA}_k) Y \{\mathrm{Gets}\, I(\mathrm{GSR}_j) - \overset{n}{\underset{k=1}{Y}} \mathrm{Gets}$

$I(\mathrm{GSA}_k)\}$，$O_j = \mathrm{Gets}\, O(\mathrm{GSR}_j) - \overset{n}{\underset{k=1}{Y}} \mathrm{Gets}\, O(\mathrm{GSA}_k)$，$n$ 为当前选择的服务本体数。

（5）更新语义网服务本体库，若 w 的值小于 0，则组合失败，不成功返回，否则转第（2）步。

5.4.3　语义网服务本体组合的匹配

基于语义网服务本体组合的构造理论，完全可把复杂的各种问题简单化，也就是说很复杂的语义网服务组合，最后组合的结果可以抽象成一条链式结构，基于这种思想，本章研究了语义网服务本体匹配的问题，并以计算资源为例探讨了语义网服务组合中任务分配的问题。

在语义网服务中难以事先知道抽象的服务流程。因而需要一种自动和智能的方法把上文中提到的语义链找出来。本章尝试着用一种方法在语义网本体库中找出这么一条顺序结构的组合。

匹配思想：当有服务组合的预期时，由语义网服务本体的匹配器计算相似度，这里为了对前面只研究输入、输出，而忽略的蕴涵的状态变换、服务质量的动态行为特征进行弥补，在两个本体之间采用服务本体相似度的计算，达到增加语义性的目的。通过计算找出最相似，而且满足其输入要求的服务组合序列中第一个服务本体，在寻找过程中计算服务序列中服务本体的相似度和匹配输入、输出最终得到一个服务组合状态图，最后利用改进的 Dijkstra 算法搜索得到一条最短的路径。这条最短路径就是我们需要找的目标。如果这条链上有组合而成的语义网服务组，则需要还原。

匹配的具体过程如下。

（1）通过 Prim 算法构造最小生成树，通过判定最小生成树的数目来判定是否需要语义网服务组合来实现。

（2）计算本体库中的任意两个原子服务本体的本体相似度。此步骤以语义网服务本体 4.3.6 节中的服务本体匹配算法求出任意两个服务本体的相似度，即

$$\mathrm{Zsim}(O_i, O_j) = \xi_1 \times \mathrm{Bsim}(O_i, O_j) + \xi_2 \times \mathrm{IOPEsim}(O_i, O_j)$$
$$+ \xi_3 \times \mathrm{Qsim}(O_i, O_j)$$

其中，O_i、O_j 表示任意两个概念抽象而成的服务本体；$\mathrm{Zsim}(O_i, O_j)$ 表示其语义相似度。

（3）构造语义网服务本体库语义图。把 O_i、O_j 转化为图的定点 V_i、V_j，用任意

两个节点的相似度的倒数来代表两定点路径的权值，即

$$W(V_i, V_j) = 1 / Z\mathrm{sim}(O_i, O_j)$$

如果两个定点代表的服务本体的相似度为 0.2，那么其权值就是 5。

（4）构建语义网服务本体的语义矩阵，如图 5-6 所示。

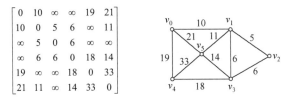

图 5-6　语义矩阵的构建过程

（5）利用 Dijkstra 搜索得到一条最短路径。这条最短路径就是我们需要找的目标。

Dijkstra 算法思想为：设 $G=(V, E)$ 是一个带权有向图，把图中顶点集合 V 分成两组，第一组为已求出最短路径的顶点集合（用 S 表示，初始时 S 中只有一个源点，以后每求得一条最短路径，就将其加入集合 S 中，直到全部顶点都加入 S 中，算法就结束了），第二组为其余未确定最短路径的顶点集合（用 U 表示），按最短路径长度的递增次序依次把第二组的顶点加入 S 中。在加入的过程中，总保持从源点 v 到 S 中各顶点的最短路径长度不大于从源点 v 到 U 中任何顶点的最短路径长度。此外，每个顶点对应一个距离，S 中的顶点的距离就是从 v 到此顶点的最短路径长度，U 中的顶点的距离，是从 v 到此顶点只包括 S 中的顶点为中间顶点的当前最短路径长度。

算法具体步骤如下。

① 初始时，S 只包含源点，即 $S=0$，v 的距离为 0。U 包含除 v 外的其他顶点，U 中顶点 u 距离为边上的权（若 v 与 u 有边或若 u 不是 v 的出边邻接点）。

② 从 U 中选取一个距离 v 最小的顶点 k，把 k 加入 S 中（该选定的距离就是 v 到 k 的最短路径长度）。

③ 以 k 为新考虑的中间点，修改 U 中各顶点的距离；若从源点 v 到顶点 $u(u, U)$ 的距离（经过顶点 k）比原来距离（不经过顶点 k）短，则修改顶点 u 的距离值，修改后的距离值为顶点 k 的距离加上边上的权。

④ 重复步骤②和③直到所有顶点都包含在 S 中。

（6）最短路径上的语义网服务组的还原。

本节算法为语义网服务本体的服务组合算法，更侧重于如何使得服务组合自动实现。通过引入动态服务组合和服务匹配，并与所建立起来的语义网服务本体库密切配合，实现语义网服务组合中顺序、选择、分支、汇合以及迭代等结构的组合，

并通过 Dijkstra 算法查找出组合结果，然后通过一个由原子服务构成的有向无环图表示出来，真正有效地支持语义网服务本体的动态组合。

5.5　本　章　小　结

针对语义网用户需求越来越复杂的情况，单一的原子语义网本体的匹配已无法满足其需要，迫切需要本体组合来解决这一问题。本章把现在的新的研究热点——Web 服务组合的思想引入语义网服务中，把语义网服务组合的若干问题用本体的思想进行了形式化描述，同时对语义网服务本体如何组合、如何实现匹配都提出了相应的模型和算法。

应用篇：基于微本体的微博信息管理机理

第6章　基于本体技术的微博信息管理模型

语义网不仅能给用户提供简单的资源或者功能用以完成语义网任务，而且可以通过资源或者功能的协作实现大的工作任务。微博也属于一种语义网，需要将微博网络中动态的资源或者服务进行多种组合，将特定的信息传递给用户。微博的核心价值是建立在独特的信息发布机制、信息获取机制和信息传播机制基础上的，这些机制满足了用户及时、简单沟通的需求，迎合了网络社会中"碎片化"的生活方式。发现微博发展的规律和模式，帮助微博用户充分且全面地理解微博媒体的性质和功能，并利用语义网本体模型对微博信息进行有效的筛选与甄别，对微博的信息传播特征进行准确的判断和认知，可以避免由于微博使用不当而造成的危害，成为微博信息管理的主要内容。

6.1　微博的信息资源特点

我们认为以微博和博客为载体的信息资源有以下几个特点。

（1）针对性。博客、微博的内容或者是交流、分享知识技术，或者是记录个人生活的点点滴滴，或者是情感的抒发，或者是某类事物的集锦，这些内容都具有一定的针对性。

（2）主观性。虽然博客、微博的形式略有不同，但都实现了人与人之间的沟通，用户拥有表达思想的空间。因此，博客、微博的文章和评论都是个人的主观思想，具有极强的主观性。

（3）时效性。博客、微博中，个人表达的内容通常是当下的情感，随着时间的流逝，情感往往会发生变化或消失。因此，微博、博客上的文章所表达的思想只是某一时间点的感受，具有明显的时效性。

（4）互动性。互动性是博客、微博能够流行于网络的重要原因。在博客、微博中，人们可以随时随地表达自己的思想，好友也可以同时进行回应、评论。在如今越发紧凑的生活节奏中，这种网络交流工具的互动性极大地满足了人们的社交需求。与此同时，这种个人和好友的互动也鼓励着博客、微博作者不断创作。

（5）易传播性。与传统媒体和传播工具相比，博客和微博具有极强的传播性。博客和微博里的一篇文章、一个新闻、一件突发事件的分享和转载都可能在几分钟内进行几何倍数的增长，公众能够更及时地接收信息，博客和微博也因此得到了飞速的发展。

6.2　微博的信息组织方式

Web 2.0 提出"一篇日记、一则评论、一幅图片、一个收藏的书签、喜欢的音乐列表、新的朋友"等概念，增加了用户的参与度，又将这些信息、数据搜集在一起进行聚合、分享，管理这些信息继续服务其他各项个性化应用。

一直以来，学术界对信息组织的定义争议很大，并没有确切的定义。有的说法将信息组织解释为"信息序化或信息整序，也就是利用一定的科学规则和方法，通过对信息外在特征和内容特征的描述和序化，实现无序信息向有序信息的转化，从而保证用户对信息的有效获取和利用"，通过信息组织，博客、微博中的信息能够得到有效的重组和整合。可以说，信息组织的必要性和信息量以及形式的复杂性成正比。截至目前，网络信息资源的信息组织方式包括应用层面的文件管理和后台的数据库管理两个方面，博客、微博的信息组织也无非是这两种方式，但博客、微博的信息组织方式却又呈现出自己的特点。博客、微博需要把信息数据和服务结合在一起，对其进行组合和再造，所以从这个角度讲，博客、微博的组织方式是重组与再造，利用 RSS 技术，博客、微博可以实现信息的聚合和内容的推送，有明显的信息自组织特点。随着计算机、信息领域数据挖掘技术的发展和提高，信息组织方式也会得到进一步的发展，博客、微博也会因此更加智能和方便。微博常见的信息管理方式如下。

（1）分类目录。在博客中，首页也和其他门户网站相同，有内容的归类。但是在博客中，由于其博文内容比较丰富，如果完全按照分类法对博文内容进行分类，工作量会非常大，也缺少意义。因此，博客中的类目分类一般包括完全开放式和半开放式两种分类方式。完全开放式是指在博主发布博文时，自行添加博文的主题词，这种方式有很强的随意性，人工控制较低。在分类目录中，人工控制的程度越高，目录的分类就会越规范，但维护成本也会随之越高。按照完全开放式分类的内容层次较浅，只要点击主题词频一级目录，就可以找到博文列表。

（2）搜索引擎。博客网络内部都有自身的搜索引擎，这是因为虽然其他综合性搜索引擎也可以搜索博客中的信息，但博客信息资源却不是这些综合搜索引擎的优先选择。为了使用户更方便地搜索博客信息，建设博客内部的搜索引擎非常有必要。目前博客内部的搜索引擎功能都比较简单，用户可以搜索文章和博客两大类，但暂不支持布尔逻辑检索语言。

（3）标注聚类。信息的聚合具有主动性。在博客中，信息组织的主要形式是信息自组织，信息自组织是指利用 Folksonomy 对信息资源加以组织。在最初的时间里，信息自组织主要利用标签（tag）对信息进行分类，标签是非受控的，标签的定义和使用主要依靠使用者个人的习惯；另外，标签是共享公开的，信息的聚合程度主要靠用户群体使用标签的频率。而 Folksonomy 贯彻于标签标示信息的过程当中。与传统信息分类法相比，Folksonomy 没有权威性。直观表现就是用户不需要培训，只要根据自身的认知程度对信息资源进行分类即可。在这个过程中，用户既是信息资源的使用者，也是信息资源的生产者。用户群体中使用的高频标签就会对信息资源的描述有一定的代表性，随着使用人数的不断增加，标签的描述也会越来越精确，这个过程就是信息资源的自组织模式。

（4）内容挖掘。内容挖掘是指从大量的信息资源中抽取自己感兴趣的、有用的信息，并在这些信息中抽取出知识。这个过程说起来容易，实际操作却并非易事，因为博客资源海量而琐碎。针对这种困难，网络上出现了掘客（digg）这一概念，掘客就是指将自己喜欢的文章信息提交到掘客网站上的人，掘客期望通过大量的阅读者对这些信息进行判断，阅读者如果喜欢某一文章信息就可以 digg 一下，按照一定的算法，某一信息的 digg 量达到一定阈值就可以成为受欢迎的文章，在网站比较醒目的地方，热门信息就可以得到较明显的推荐。这种内容挖掘的精髓就是发动网络用户参与到有价值信息的挖掘中。

（5）大众标注。大众标注可以说是博客信息组织中的一大特点，大众标注是指用户通过标签对博客的内容进行识别。前面提到标签就是一种网络信息组织方式，它类似于关键字，标签的随意性很强，可以用于检索和分类，标签成功实现了由用户完成信息描述与聚合的过程。但是由于用户知识量的差异，这种标签的描述不能达到尽善尽美，仍然会存在质量低的现象。把标签的内容全部集合，按照分类形成具体的类目体系，就可以有效地对网络信息资源进行分类组织。

（6）RSS。RSS 是一种基于 XML 的内容聚合工具，简单地说，RSS 实现的就是订阅功能。RSS 的原理就是将某一用户感兴趣的主题的信息资源推送到用户面前，RSS 的信息推送不以推送全文为目的，而是主要推送相关网络资源的摘要、作者、题目、数据或全文链接等，因为分离了信息内容和数据，技术的难度和操作的成本都有所降低。RSS 的缺点在于需要用户下载客户端。

（7）引用通告（trackback）。引用通告是一种新的技术，是随着博客的出现而出现的一种新的信息共享机制。引用通告的原理是用户阅读相关文章后，在微博或者博客发表评论时，其尾部的引用栏可以加入评论相关信息资源的网络地址。经过上面的步骤，用户发表的信息内容就加入了其引用信息，粉丝在浏览其微博或者博客时也会看到用户的评论信息。引用通告的意义在于加强了信息共享、消除了信息孤岛等。

（8）时间顺序。在博客的信息组织方式中，可以按照时间顺序对博客信息进行排序，这种排序与文章具体内容无关，只与文章发布时间有关。在同一时间内的信息再根据作者拼音次序进行排列，这就是博客的首次信息组织。每个博客用户也可以根据自己的日历点击具体日期查阅当天自己的发布内容。

6.3　微博信息质量分析

微博信息的发表具有明显的用户主观性特征，因此对这些内容进行分析审核是非常有必要的，但是从另一个角度来讲，对网络的信息内容进行分析审核是很有难度的，不仅耗时耗力，评价标准也难以确定。目前我国还没有完备的审核机制。对网络信息的分析是有一些分析标准的，对于网络用户而言，只有掌握这些规则才能对微博信息内容的质量作出评价，才能从中筛选出有价值的、自己所感兴趣的信息。我们认为，目前对微博的信息分析评价可以从判断微博信息内容的可信度，判断博客、微博内容的新颖性，判断博客、微博内容的实用性三个方面进行。

1）判读微博信息内容的可信度

微博信息内容可信度主要是指信息的真实性和准确性，判断信息的可信度一般可以从信息的内容、载体形式和引用率三个方面进行。

（1）根据信息的内容。博客中的文章性质不一，有的是评述类文章，有的是抒情类文章，有的是科学论文，有的是生活杂文。面对众多的内容，用户需要用不同的标准进行判断。例如，在评述类文章中，主要观察文章的内容是否清晰而有深度；对于科学论文类，主要判断文章逻辑是否严谨，依据是否恰当，结论是否合理；对于杂文散文、抒发情感类的文章，由于每个人的生活阅历不同、价值观的差异，内容千差万别、参差不齐。面对这种情况，用户就要根据自己的经验和价值观进行合理判断与吸收，不可人云亦云。

（2）根据信息的载体形式。信息的载体是指它的作者、发布来源、发行单位等，一般情况下，由知名作家撰写、由专业机构和官方机构公布的信息可靠性比较高。根据信息的载体进行判断可以在一定程度上对信息的真伪进行甄选。

（3）根据信息的引用率。在网络上，一些文章发布后会有一定的浏览量，也会得到一定数量的评价，一般在专业范畴内被积极评价的信息可靠性较高，在信息被引用方面，引用率较高的信息的可靠性也较高，其参考价值也较大。但这种判断不是完全有效的，例如，在一些娱乐新闻和突出事件中，有些评论是片面而偏激的，甚至是恶意炒作的，面对这些情况，用户需要谨慎判断，不要盲目跟风。

2）判断博客、微博内容的新颖性

博客、微博内容的新颖性也就是指信息的时效性。信息具有很强的时效性，在对微博的信息内容进行新颖性的评价时，判别指标可以选择信息发布时间、内容和来源三方面。

（1）根据信息发布时间。信息发布时间是指如果该信息在发表之前没有人提出，它就是新颖的，反之，信息就不是新颖的。

（2）根据信息的内容。网络信息的传播热点多集中在身边事、突发事件或者以全新的角度重新评论传统事件等。在这些信息迅速传播的过程中，信息的内容是否新颖是一件较易判断的事情。

（3）根据信息的来源。根据信息的来源判断信息的新颖性也有一定的标准，例如，用户可以根据信息的作者、发布来源进行判断。一般情况下，对于技术类微博来说，新的技术内容多来自发达国家，因此，如果技术内容的微博来自发达国家和地区的用户，信息就可能具有较高的使用价值，用户可以据此对信息进行新颖性的判断。

3）判断博客、微博内容的实用性

博客、微博中用户发布的信息内容都有其出发点，判断信息内容的实用性需要因人而异。用户需要根据自己的研究方向和感兴趣的领域对信息内容进行筛选和判断。在筛选信息的过程中，对于所筛选文字不可断章取义，不可想当然地节选而不顾作者的本意。

在日常生活中，人们在搜索信息时要注意以一种客观的态度面对所选信息，在面对海量的微博信息或者其他网络信息时，需要去伪存真，去粗求精，只有这样，才能得到真实、实用的信息。

6.4　用户层面微博平台的信息管理

6.4.1　网络提供给微博用户的信息组织界面

在博客中，信息的来源多种多样，信息源具有很强的随意性。如果只根据时间顺序查找可能找不到需要的相关内容，因此一般博主会设置一些相关栏目，为了方便自己和访客的使用与查询，博主通常会为这些栏目取较易理解的名称，在自己微博的管理中按照不同的栏目分类进行微博信息资源的管理。

以新浪微博为例，每个人都可以注册新浪微博的用户，新浪微博平台也为这些博主提供了简单的信息分类和组织模式。新浪微博的微博用户服务平台称为微博广场。在新浪微博广场中，为了更加细化微博信息的分类和方便博主找到共同话题，又分设了"广场首页栏目""随便看看栏目""同城会""猜你喜欢""风云榜""名人堂""热门话题""热门标签"等几大栏目。

6.4.2　用户的自我信息组织方式

在博客中，博主通过微博信息平台的关注功能来与其他博主建立信息关联，但是如果博主的关注博客较多，或者其他博客的更新内容较多，博主就可能在浏览信息时遗漏想要搜索的重要信息。为了避免这种情况，博主可以对关注的博客进行分类，如果某一博客内容侧重学术，博主就可以将其归到学术类下，如果某一博客内容侧重娱乐，博主就可以将其归到娱乐类下。这样，在博主想要查阅学术知识时，就可以直接点击学术类进行相关内容的查阅。

在微博中，以新浪微博为例，新浪用户注册后会有一个自己的页面，这个页面可以显示自己发布的消息，也可以显示自己关注的人的消息。如果用户没有关注其他人，用户可以在微博大厅里找到自己感兴趣的微博信息或者作者，可以关注某人，也可以对其内容进行评论和转发等。当关注成功后，关注者更新的信息就会显示在用户个人主页上。用户可以关注个人，也可以关注频道或者公共号，这种关注就相当于订阅。在用户的个人主页上，用户拥有"我的微博"这一板块，在这个专属板块中，用户自身发布的信息按照时间顺序进行排列。如果想要浏览其他某个人的信息，可以在搜索框进行搜索，进入该人的个人主页。

在微博中，用户获取信息的模式主要是浏览模式。如果用户关注的对象特别多，那么用户的个人主页内容就会特别冗长，那么用户如果想浏览完全部的信息就需要花费较长的时间。出现了浪费时间阅读不感兴趣的内容的情况。

6.4.3　用户之间的互动方式

在微博的用户互动中，除了前面提到的关注和被关注，还有评论、转发和点赞行为。例如，用户感觉某条信息有意思或者认同某一观点时，可以进行点赞、转发或者评论，而如果用户并不认同所浏览信息的观点或者有其他的想法时，也可以在下面进行评论。

转发也是一种信息评价，信息通过转发就会出现在用户的个人主页和用户粉丝的页面上，它体现出了一种价值推荐，可以看出，转发是一种固定范围内的信息传播和推送。而评价则类似于贴吧中回帖的情况，如果评论较多，那么这条信息就会引起一场带有社会性参与的公开讨论。正因为这点，微博具有一定公共领域的特征，在一定程度上推进了我国民主的建设和发展。

综上可知，微博用户的信息获取方式以浏览为主要阅读模式，是一种以关注、转发和评论为手段的获取机制。在微博中，人作为使用者，既是信息的发出者和使用者，也是信息的接收者和传播者。人发出信息、浏览信息，关注他人，在一系列的活动下，信息得以流动，信息的价值由人的操作得以体现。可以说，在这里，人就代表着信息。所以，在微博中，人和信息是一个共同体，在微博的信息机制中，靠的是人的互动和联系。这种信息组织模式为人们的人际沟通提供了一个新的载体，也为信息的高速传播提供了有效的通道。

6.4.4　用户兴趣建模方法

根据系统建模过程中用户的参与程度，用户兴趣建模方法主要分为以下三种。

（1）手工定制建模。早期的个性化推荐系统中的用户兴趣模型构建最主要的方法就是手工定制建模。此方法主要是通过用户个人手动输入或者在下拉菜单中选择自己感兴趣的热点主题来构建用户兴趣模型。例如，百度、谷歌在个性化定制中，用户可以从列表中选择地区、频道等个人感兴趣的主题。手工定制建模的经典例子还有 MyYahoo、WebWatcher 等。在 MyYahoo 中，用户访问此站点之后，系统提示各种兴趣爱好主题，用户据以选择个人感兴趣的栏目。而在 WebWatcher 中，用户按系统要求输入关键词，系统提取这些关键信息词汇，据以构建用户兴趣模型，以达到为用户提供个性化服务的目的。

（2）示例用户建模。该方法是用户提供有关自身兴趣爱好的信息，系统以此来构建用户兴趣模型。因为用户个人最熟悉自己的兴趣爱好，所以用户自己来提供兴趣热点是最密集和精确的。该用户模型是获得用户浏览过并进行标注是否感兴趣的文档的标注信息，从这些信息中提取热点以反映用户的兴趣爱好。相较于手工定制建模，示例用户建模信息更多地来自于用户在浏览文档的过程中所做的标注，而不是用户。这种方法也有不足之处：一是用户不能正常浏览文档；二是使用户在使用个性化信息服务系统的过程中感到不便。

（3）自动用户建模。自动用户建模指的是系统根据用户的行为，即用户浏览的内容、浏览页面的时间、保存文档到收藏夹、打印文件等自动构建模型的方法。系统可以自动获取全部信息，不需要用户再提供任何有关信息。研究人员对这种方式产生了浓厚的兴趣，因为这种方式使推荐系统变得更加个性化，而且不会影响用户正常使用系统。本章用户兴趣建模采用手工和自动相结合的方法，这样既可以根据用户个人需要随时添加兴趣爱好，系统也可以正常运行。

6.4.5　用户兴趣模型表示

在用户兴趣建模领域学者的努力下，目前个性化信息服务系统中用户兴趣特征的表示方法有很多种，其中比较有代表性是以下几种，如图 6-1 所示。

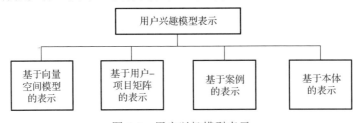

图 6-1　用户兴趣模型表示

用户兴趣建模的过程，实际上是通过获取与用户兴趣有关的全部信息，对这些信息进行分析、归纳、整合，然后设计出一个可以由计算机读取的模型的过程，这个模型可以真实准确地反映并表达用户的兴趣爱好及其变化。在个性化推荐系统中，构建合适的用户兴趣模型是项目匹配及其下一步工作的基础。即首先应用各种推荐技术找到和模型相匹配的项目，然后把这些项目向用户推荐，这样可大大减少用户个人搜索自己感兴趣或需要的信息的时间和精力。因此，用户兴趣模型是个性化推荐的基石，只有构建合适的用户兴趣模型，才能更好地完成个性化推荐服务的工作。个性化推荐的效果在很大程度上是由用户兴趣模型的准确性来决定的。随着计算机在个性化推荐系统中的应用，用户兴趣模型便不能单纯地只是准确描述和表达用户的兴趣信息及其特征，对模型的可计算性也有了更高的要求。

用户兴趣建模过程如图 6-2 所示。

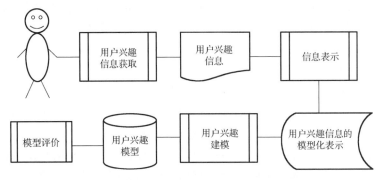

图 6-2　用户兴趣建模框架图

根据上述的研究不难发现，以案例为基础的兴趣能表达短期的兴趣爱好，而其他大多数方式展示的都是长期的兴趣。在日常生活中，用户对某件事物产生的兴趣都是没有预见性的，是突然发生的，所以现在特别需要建立一个能够在同一时间内既反映用户的长期兴趣又反映短期兴趣的，能够将长期与短期兴趣相复合的这样一个用户兴趣模型。

此外，在现有的网络技术下，依据大多数的技术支持建立的用户模型都不具有通用性，很难实现资源的共享，它们大都是按照某一种形式对某个特定的领域的知识加以设计和利用。此时，以本体为基础的用户兴趣建模的方法的优势就会十分突出。本章所用的用户兴趣模型正是这种以本体为基础的、长期与短期相互融合的用户兴趣模型，因而具备了通用性、共享性，在很大程度上避免了系统特意逐个建立用户模型的繁重工作。

6.4.6　用户兴趣信息获取

个性化推荐系统常用的获取用户兴趣的方式有两种：显性方式和隐性方式。显性方式主要有以下两种方法。

（1）在首次使用系统进行注册时，用户需要手工输入或在列表中选择部分个人信息，如性别、年龄、职业、专业等，或选择个人感兴趣的标签、话题等，或回答一些个人感兴趣的问题，系统根据用户的答案，再深入提出一些问题，系统通过获取并归类以上信息，得到用户的兴趣信息。

（2）个性化推荐系统通过用户兴趣模型得出推荐结果，用户在浏览页面的过程中对给出的推荐结果进行评价，这种评价实际上是显性的，系统根据显性的评价信息再次对用户兴趣模型进行修正和改进。

第二种方法较之第一种更容易操作并实现，而且在用户开始使用系统的时候就可以进行简单的个性化推荐。当然，它也有明显的不足之处，该方法对用户参与的需求程度要求较高，在不断地完善模型的过程中，需要用户保持较高的参与度，耗费用户很大的时间和精力，并且要求用户极为熟悉并精确地知道自己的兴趣爱好，这样就在很大程度上影响了用户正常使用系统。随着时间的推移，人的兴趣爱好又在不断地发生变化，用户需要和系统保持频繁的互动，使得用户的压力与负担加重，不利于系统的正常运行。

隐性方式是以不影响用户为前提，通过获取用户在浏览网页时的行为信息来表达用户的兴趣爱好。用户的行为主要包括用户保存的书签、下载的文档、浏览的时间及鼠标的点击量等。系统主要通过服务器日志和软件客户端获取这些行为信息。从本质上来讲，这种方式是一种基于用户行为的数据挖掘。利用数据挖掘来获取用户兴趣的方式有很多，本章主要通过计算用户浏览文档的时间长短和文档的长度这两个信息，得到用户对某个文档的感兴趣程度。速度越快，说明用户对这篇文档越不感兴趣；否则说明用户对这篇文档越感兴趣。较之显性方式，隐性方式更具有优越性，一方面可以避免用户与系统进行更多的交互；另一方面不增加用户的负担，在这两个前提下，还可以自动获取用户的兴趣爱好信息。当然，它也有缺陷，就是容易在挖掘并获取用户兴趣的过程中引入噪声，这样不利于构建用户兴趣模型的准确性。

用户使用系统的开始时期，主要通过显性方式获取信息，然后手动输入职业、年龄、性别、兴趣主题等个人信息，并在下拉菜单中把这些信息归入某一类别。使用系统之后，基本采用隐性方式获取用户的行为，并进一步获取用户的兴趣爱好信息。这种隐性和显性相结合获取用户信息的方式，使得用户兴趣模型的描述更加贴近生活、更加准确，并且尽可能地减少了用户和系统交互的次数。

6.5　本　章　小　结

从这几年的实践看出，无论各个微博网站的核心内容有怎样的不同，只要能让用户自我生产内容，就无法避免信息监管问题。微博信息监管实际上包含用户层面的监管和技术平台层面的监管两个部分，以往研究中的种种监管策略实际上集中在用户层面上，是对微博信息用户（微博发布者、转发者、受众）的监管和约束。本章研究的微博信息监管集中在技术层面上，主要集中在微博信息的组织和微博信息的传播两个环节，试图通过建模思想对微博信息的规范、信息传播的可控和微博用户的有效推荐实现微博信息监管的目的。

第7章　基于本体的微博的信息组织研究

在近年出现的各种博客网站中，功能的核心在于实现信息分类共享。例如，豆瓣可以让用户对阅读的书籍、观看的电影等进行共享和点评；而大众点评网则为人们点评品尝的美食提供了一个信息分享平台。这些由用户自发提供的评价信息虽然看似零散，但极为真实，对消费者来说都有着重要的意义。如果任由这些零散的信息无序地存放，用户将迷失在无序的信息海洋中。因此，各大网站的编辑必须对海量的零散信息进行有效的组织，由此得到有价值的信息。虽然对信息进行有效的组织势必需要投入相当的人力成本，但这些信息对后续的消费者有着重要的引导作用。

7.1　微博现有的信息组织方式——Folksonomy

Folksonomy 就是通过标签对信息进行快速、自动的聚类。Folksonomy 支持用户组织发现信息。信息聚类的方法是依据标签的排序，标签字号越大，表示越受欢迎。研究认为，在用户使用标签的过程中，有 80%用户的信息采用了 20%的标签，而 20%用户的信息采用了 80%的标签。通过该研究，可以看出后者使用标签是典型的长尾分布。

在标签的使用中，垃圾标签降低了总体的准确性，在实际的人际网络中，标签的使用受某种权威的约束，这样，一些不合理的标签就会逐渐被忽略。

由于 Folksonomy 的使用才刚开始起步，也缺乏一定的理论研究，所以即使现在有类似的美味书签、闪亮图片夹（flickr）等应用受欢迎，但是 Folksonomy 还是缺少重量级的应用。在学者的研究中，亚当·玛斯提出 Folksonomy 终将取代元数据编辑管理方法，也有学者提出，传统的分类法较为复杂，提高了维护的成本，Folksonomy 比传统分类法更具优势。

7.1.1　Folksonomy 的特点

Folksonomy 具有典型的平面化结构。除此之外，与原有信息组织方式相比，Folksonomy 还具有自由性和社群性、动态性和共享性、标签稳定性等特征。

（1）平面化结构。与传统的分类法相比，Folksonomy 摒弃了等级结构，它的分类是平面的，分类的整体体现出一种网状结构，去除了等级的存在。这种平面化的产生是由词语的堆聚形成的，它降低了信息组织的难度，提高了自由沟通的效率。

（2）自由性和社群性。网络信息内容的自由性是指网络中的用户可以自由地发布、浏览和共享标签信息，它的存在为网络信息注入了生机和活力，调动了用户的积极性。网络的社群性是指在网络中，由于用户的兴趣、受教育水平和认知等的不同，形成了不同的社区，每个社区都利用 Folksonomy 发布与社区主题相关的信息资源，这样就形成了网络信息分而治之的环境，更加有利于信息资源的流动和浏览。

（3）动态性和共享性。Folksonomy 的实现依靠用户、标签和信息资源三方面。三者的互动实现了 Folksonomy 的动态变化。用户可以根据新的标签实时关注社会热点和焦点。标签支持了 Folksonomy 的信息共享，这不仅使用户和信息建立了联系，也为用户挖掘感兴趣的社群和其他用户提供了桥梁。

（4）标签稳定性。在标签的使用当中，常常是 80%用户的标注信息采用了约 20%的标签，然后是约 20%用户的信息采用了近 80%的标签。只有少量的标签才能得到大量的使用。这样，一旦某一标签被引用的次数较多，就会成为较为稳定的核心词汇。

7.1.2　Folksonomy 的不足

与传统分类法相比，Folksonomy 的特殊机制形成了它独有的优势，但同时它也存在一些无法避免的不足。

（1）标签的语义模糊性、出现歧义等。Folksonomy 依靠标签进行信息的简单聚合，在这个过程中，每个标签都可能映射出不同的语义信息资源，不仅如此，有时候由于主观性用户标注标签的随意性和语言自身的复杂性，使用标签就会降低信息查询的精确性。

（2）语法结构杂乱，缺乏近义异形词控制。用户标注信息资源时，总会出现一些含义相近的信息资源分布在不同的近义异形标签下。这种缺陷也是由 Folksonomy 的自由性导致的。在网络中，为了保护用户的思维开放性，系统不限制标签的关键字数。而标签语义的模糊性更是增加了标签语言杂乱的可能性。

（3）标签粒度过低。现有的标签系统只能支持单个词和词组的索引，并不支持复合词组的搜索。而在实际的搜索活动中，用户通常需要使用复合词组来搜索更深层次的内容。标签粒度的低下影响了 Folksonomy 性能的提升。

（4）共享受制于地域语言文化差异。Folksonomy 提供了标签共享，但标签词语的来源是不同地域、不同省份的用户，因此，不同的语言和思维影响着网络信息资源的标签。Folksonomy 的自由性和极强的随意性又增加了这个由语言文化带来的问题的难度。

以上谈到的 Folksonomy 的不足影响着用户对信息的共享和沟通，阻碍了网络信息的管理。因此，只有不断完善 Folksonomy，优化其组织结构，才能充分发挥 Folksonomy 的价值，加强用户与信息资源的良性互动。

7.2　微博信息组织方式的改进

7.2.1　Folksonomy 的优化角度的选择

Folksonomy 凭借自身独特的优势方便了用户的生活和交流，但是它仍然存在控制标签的能力弱、精准性也不够高的缺点，所以要改善、提升 Folksonomy，促进其向更好的方向发展。外国的部分研究人员从定性、定量分析和设计标签系统方面对其进行了运用方面的研究。Louis 建议，应该开发用户的创造性对标签进行设计，创造恰当的元数据，标签所应用的词汇和接受控制的词汇要一起为信息组织的构造建设服务。

从国内到国外的各种实况与研究发现，人们为了掌握信息资源，大都采用与主题相结合的方法或分类的方法，通过建立内部网状语义与之相联系，以此来对 Folksonomy 进行改善和提升。

然而，实际的科技水平约束着人们的各种思想，我们认为，改善 Folksonomy 有利于促进用户合理、有效地利用信息资源，按照现阶段网络技术在信息方面的发展水平，最适合、最好的改善方法就是从系统维度出发，其中的原因在于用户的各种行为无法预测，更加无法控制，垃圾标签也是必然会存在的，只有从系统维度着手，才能更好地利用各项功能，完善内部平台，规范标签的聚集分类。

7.2.2　网络信息资源 Folksonomy 的优化途径

网络信息资源 Folksonomy 优化途径的分类如表 7-1 所示。

表 7-1　网络信息资源 Folksonomy 优化途径的分类

优化途径	
对标签进行一定的规范	协调标签中包含的语种和文化矛盾，解决好一词多义的问题，维护好标准的标签集
对于信息的再组织	一是利用广大网络用户来进行
	二是通过公司监控信息源来完成
通过技术手段	提取信息的特征进行分类，信息全文则留在原信息地，然后把这些信息特征分类发布在网站上供用户浏览

其中，信息的再组织方面，在现阶段的社交网络中，每时每刻都会产生大量的信息，这些信息通过人为选择和排除并对其进行归类后，进而形成人们所熟识的各种 RSS 信息源。

7.2.3　具体优化建议

前面提出有研究学者认为最好的方法是从系统的角度进行完善，所以结合国内外的各种成就和结论，我们提出了以下六点建议以解决标签词汇意思不明确、维护力度不够的问题。

（1）为了减少垃圾标签，增强共享功能，提出了系统建议功能。

（2）为了规范网络信息系统，填补与标签之间联系的空白，提出建立受控词汇表和后控手段。

（3）因为用户行为的不确定性造成了非常多的垃圾标签，致使分类的不精准，对此提出了用户级制度。

（4）为了降低标签的相似程度，降低系统所承受的压力，提出使用自动聚类和归类技术。

（5）现在的分类法大多忽略了标签的检查和索引功能，基于此提出了提高标签检索性能建议。

（6）提高标签系统的兼容性和开放性。

具体的建议和措施如表 7-2 所示。

表 7-2　系统角度下优化 Folksonomy 的建议

优化途径	具体措施或意义
系统建议功能	通过显性化提示向用户推荐高质量的标签和增加限制输入功能,这样的系统建议功能可以从根部对标签进行处理工作
建立受控词表引入后控手段	系统需要加强控制手段,标签在经过筛选后就会规范化,同时增加用户浏览效率,增强 Folksonomy 对信息的反应能力
用户分级制度	根据标签的有效程度对用户进行级别设置,标签有效程度越高,用户等级也越高,拥有的权限也越大,这样不仅激励了用户规范使用标签,而且降低了系统的负担,提高标签分类的精准性
使用自动聚类和归类技术	除了利用人工进行控制,系统还需要使用自动聚类和归类技术,这样不仅降低了人工成本,也可以有效提高标签的管理工作,优化的标签结构能够提高用户的信息查询速度
提高标签检索性能	提高标签的检索性能,既可以满足用户的查询需求,也可以帮助 Folksonomy 更好地发展
提高标签系统的兼容性和开放性	这有助于标签的共享并且可以提高信息系统的协同性。这就需要标准化标签的存储,还要保证不同系统之间可以实现互相操作,增加标签的协助性,这样可以更好地为信息自组织服务

7.3　基于本体技术的微博信息组织机理

7.3.1　原则

1）建立"用户中心模式"的网络信息组织方式

目前网络技术环境下，用户对信息的需求开始越来越趋于社会化、聚集化和宽泛化，所以在新的需求要求下想要更好地满足用户需求，应该以新的思维、新的角度去探索。对此，可以建立"用户中心模式"的网络信息组织方式，这种方式的实质是将用户设为组织的中心，从用户需求的角度考虑信息的安排和组织形式，这将会更好地满足用户要求。

这种信息组织方式将用户优先的观念体现得淋漓尽致，主要有如下两点优势。

（1）针对性强。其是为了最大限度地满足用户的需要而针对用户建立起来的，在具体的操作过程中，这种优势会更加突出。

（2）方便利用和开发。因为其自身针对性强这一优点，所以在以后的开发中会更加便利。然而，这种方式也存在比较强的主观性，所以在后期的利用和开发过程中要尽量避免。

2）建立人性化与“以人为本”的网络信息组织模式

网络信息环境发展的新形势下，网络用户逐渐开始希望能够出现个性化和特定化的需求，对此，就要求信息组织在考虑总体的同时，能够将个人需求考虑在内，加强信息组织人性化的功效。另外，以人为本的“本”的含义在于在组织网络信息时，注重挖掘用户潜在的创造力和想象力，真正做到以用户为工作核心，协调用户与网络信息资源之间存在的微妙联系，建立体现人性化与“以人为本”的网络信息组织模式。

3）建立基于层次型与概念划分体系结构的、符合用户心理特点的网络信息组织方式

网络用户在浏览网页信息的时候，他们通常都没有明确的目标，再加上检查索引比较复杂，他们的心理需求通常也是不明确的。针对这一情况，用户一般采用的方法是分类预览，逐步筛选和分析，一直到找到与自己心理需求相符合的内容。所以要把上述内容考虑到网络信息组织实施的过程中，建立基于层次型的，具有明晰概念划分体系的信息组织方式，同时还要将与之相关的用户的心理特征和个性需要考虑在内，建立基于层次型与概念划分体系结构的、符合用户心理特点的网络信息组织方式。

4）实现网络信息组织向知识组织与知识管理过渡

现代网络环境下，用户所需求的不再是文献单元，更多的关注在于从文件单元中提取的知识单元。为适应用户需求的这一变化，在进行信息组织时，要求完成文献信息组织的同时向知识组织转变。知识组织是指提供、整理和排序知识，也就是对现有知识进行处理，减少文献毫无缘由地、盲目地增加，防止知识太过于分散，从而满足用户信息需求的知识单元化、融合性和专业性，更深层次地满足用户的需要。

5）把握网络信息组织的深度，提供便于交互的用户界面

在实际的应用过程中总是会出现一种现象：网络用户在检索信息的时候，既希望能有较高的检索效率，又希望能排除不相关的垃圾信息；当他们分类预览进行检

索时，还希望系统对所需要的信息划分的层次不要过多，不要过于细化。这种现象要求我们要运用合理的算法估计信息相关度，把握好对信息层次的划分，同时根据分析的结果掌握输出的效果。在对信息网络进行组织的时候，要有预见性，要保证可以更好地进行后续检查和索引运用，设计美观实用的交互界面。

只有努力做到以上部分才能实现网络用户愿意并且能更好地接受检索系统和工具。

7.3.2　基于本体规范的微博信息组织模型

结合自组织理论的观点，信息自组织的外部条件是没有特定的外界干预，系统不受外部强加的任何指令。目前的微博在技术上采用 Folksonomy 对微博信息进行组织，Folksonomy 通过标签技术帮助用户存储和管理自己的信息资源，并提供分享和交流的平台。它们为用户提供的基于标签技术的信息管理方式也成了一种新型的网络信息组织工具：用户根据自己的需要自由选择词汇对资源进行标注，每添加一个词汇称为对资源添加一个标签；每个标签相当于用户对资源的一个分类，资源根据不同的标签被组织到不同的分类之下；所有用户的资源存在于一个共享的平台上，相同的标签还能够聚合不同用户相同分类下的资源。这样的信息组织方式具有两个明显的特征：一是在对资源添加标签的过程中，用户不需要遵循任何事先指定的分类法或者词表；二是每个用户的活动空间不是孤立、封闭的，而是开放、共享的，因此也是互相影响的。

为了达到简单易用的目的，Folksonomy 取消了对语言的控制手段。尽管基于标签的方法能够简单有效地实现同类资源的聚合，但语义控制和类目间关系的缺乏给基于标签的浏览与检索造成了不便。例如，拥有多种含义的"苹果"将不相关的内容聚合到了一起；存在同义词关系的"超女"和"超级女声"、包含关系的"小说"和"网络小说"却不能将相关的内容聚集和联系起来，而是独立分散于系统信息空间的不同位置。例如，语义模糊、一词多义、同义词、概念的专指性、语法错误、多语种交互等问题普遍存在于 Folksonomy 中。在不增加用户使用成本的前提下，应用系统可以采用一定的技术手段，通过与其他信息组织方法相结合或借鉴其他信息组织方法的理念，对 Folksonomy 进行优化，以改善浏览和检索的效果，提升用户体验。目前国外研究者已经积极展开多种实验，在挖掘标签数据等级的同时构建基于 Folksonomy 的本体就是目前的主要技术方法。

然而，本体的构建实现却比较复杂和困难，成本昂贵，且可操作性欠佳。目前网络环境下本体获取概念时存在概念更新的时滞问题，使得本体构建与本体使用相分离，无法形成有效的反馈。本体与 Folksonomy 的融合，应是基于两者优点和缺点的一种全新整合，构建一种基于 Folksonomy 的类似本体的结构，这种结构化的信息形式既可以结合 Folksonomy 的优点，让所有用户参与到本体构建中，降低微博信息本体的构建成本和复杂度；又可以拥有本体的优点，形成结构化的、无歧义的、易控制的信息组织结构，便于信息的监管和传播。本书构建的微博信息组织模型如图 7-1 所示。

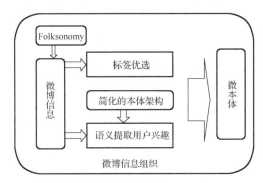

图 7-1　基于本体建模的微博信息组织模型

在具体实现上，首先用户通过 Folksonomy 对自己或者他人的微博信息进行标注，即为微博信息资源加上标签，这些标签能够在一定程度上反映微博信息资源的属性和特征，标签承载的是关于资源的信息，具有多种作用，因此它实质上是一种由用户产生的元数据，并且具备多种类型元数据的功能，包括资源的描述、定位、权限管理等。在用户层面，标签所代表的元数据非常简单，完全采用自然语言，既没有区分主题、作者或来源等元素，也没有受控词表的限定。而在系统层面，则可以使用某种特定的元数据格式对其进行描述，以更好地利用标签所承载的信息，实现对这种简单的用户产生元数据的增值。

因为标签数量众多且不断变化，为每一个标签构建本体是不可能的，只能优选那些热门的标签构建本体，这是因为 Folksonomy 的运行机制使标签在使用量上呈现出无标度现象，即遵循幂律分布：具有较高资源标引和检索价值的标签被多数用户使用，并能成为热门类目被"推荐"给更多的用户，而标引和检索价值低的标签，或者满足用户的个性化需求，或者被用户以协作的形式"过滤"。

为了满足利用 Folksonomy 构建本体的需要，我们对本体的架构进行了简化，只保留概念、属性、实例和相关的语义信息，这种基于 Folksonomy 构建的本体结构对现有的本体构建模型进行了简化，只能保证微博信息这种小规模本体的语义性，被称为"微本体"。微本体的构建利用 RSS 推送技术和本体架构易于实现。RSS 是一种用于共享新闻和其他网络内容的数据交换规范，这种技术可以根据用户个人的需求自动浏览和监控某些指定网站的内容，将预定的内容推送给用户并自动更新。RSS 提供将不同信息汇聚到单一页面的技术平台，以便不同站点间共享内容。微本体的构建过程如图 1-3 所示。

在上述技术背景下，微本体的构建过程如下：在概念获取环节，在广泛用户的参与下通过社会标注系统获取相应的术语集；在概念语义关系确立环节，通过统计方法、聚类工具等技术对标签进行聚类，获取类层次关系，并为聚类后的概念命名；在类的属性和实例确立环节，根据实际需求，选择标签为属性，以资源为实例对类的属性和实例进行补充，得到本体原型。这样得到的本体原型虽然丧失了部分语义功能和大部分的推理能力，但是对于微博信息描述来说，其功能足以满足具体需要。同时，优选出来的各个标签代表的资源成了本体的实例。

在使用时，这种微本体结构按照某种事先确定的概念体系分门别类地逐层加以组织，用户先通过浏览的方式层层遍历，直到找到所需要的信息线索，再通过信息线索链接到相应的网络信息资源，在查询算法上完全可以采用主题树的查找规则。

至于微本体的更新则由 RSS 来实现。由于 RSS 提供的信息是动态的，一般按照信息发布时间进行排序，保证了微博信息的最新汇聚，形成了真正意义上的实时性。微博用 RSS 或 Atom 标准来对内容进行聚合，每个用户既是被动的信息获取者又是主动的信息提炼者，为形成一个个潜在的、具有相关主题的内容社区提供了信息组织手段，群体智慧在这里被集中，得到了交流和共享；通过 RSS 订阅、重组和输出，大量用户间达成了间接协作，相似点越多的用户之间越容易达成这种社会化协作，这一过程让聚合的内容不断地被打破重组，构成了持续优化和改进的内容组织形式，实现了微本体的优化更新。

7.3.3　Folksonomy 与本体的融合及微本体

Folksonomy 可以满足用户个性化需要，以标签来标注资源信息，是目前微博信息组织的基本方式，基于标签的方法能够简单有效地实现同类资源的聚合，但语义控制和类目间关系的缺乏给微博信息管理带来了不便。本体作为一种有效表现概念结构形式化的语义模型，广泛地应用在知识发现、知识组织、知识推理、知识检索等多个领域，本体具有很强的语义性，可弥补 Folksonomy 信息组织方法的不足，但是本体的构建却相当复杂，首先通过获取相关领域的知识加以规范，形成形式化的定义，才能提供对该领域知识的共同理解，为建模提供明确定义。当前，本体与 Folksonomy 的融合研究是发展的必然趋势，已成为国内外学界所广泛关注并深入研究的热点之一。国外学者提出可以通过对 Folksonomy 进行统计分析，抽取潜在语义关系。国内的张云中等剖析本体与 Folksonomy 间的异同，寻找两者融合的机理，提出了一种结合形势概念分析（FCA）和 Folksonomy 的本体构建方法；张有志、滕广清尝试从 Folksonomy 框架中提取语义构建相关本体片段，从而提出解决 Folksonomy 信息组织方法缺失的问题。

微本体又称局部本体、轻型本体，其本质上是一种 Folksonomy 和本体融合下的产物。微本体是在本体构建技术遇到瓶颈的时候，有关学者提出利用 Folksonomy 广大用户参与的特点，利用群体的力量构建本体的一种技术框架。利用微本体的特性提高微博信息组织的语义性是本章的主要研究思路，可以想象，经过本体技术规范化的微博信息，具有明确的含义和结构化的特点，不仅有利于信息的组织和检索，更利于微博信息的监管。本章研究中为了满足利用 Folksonomy 构建微本体的需要，对本体的架构进行了简化，只保留概念、属性、实例及相关的语义信息，这种基于 Folksonomy 构建的微本体结构只能保证微博信息这种小规模语段的语义性，被称为"微博微本体"。

7.3.4　微博信息组织中的微本体构建具体过程

目前的微博在技术上采用 Folksonomy 对微博信息进行组织，Folksonomy 通过标签技术帮助用户存储和管理自己的微博信息，这样的信息组织方式具有两个明显的特征：一是在对微博信息添加标签的过程中，用户不需要遵循任何事先指定的分类法或者词表；二是每个用户的活动空间不是孤立、封闭的，而是开放、共享的，因此也是互相影响的。例如，语义模糊、一词多义、同义词、概念的专指性、语法错误、多语种交互等问题将不可避免，微博微本体的构建就是为了克服这一点。

1）微博信息组织中微本体构建原理

微博信息组织环节的微本体构建的主要思路是通过基于相同信息的标签进行聚类，把一组标签映射成由"概念、属性和实例"组成的本体架构，从而首先呈现标签间的语义关系，使得标签结构化，进而从微博信息的具体内容中抽取其他信息进行本体填充。微本体是在本体与 Folksonomy 两种信息组织方式在微博中应用的折中，作为一种中间产物，既有利于本体构建，又增强了 Folksonomy 的语义。

本书构建的微博微本体为了达到信息管理的目的，以事件为本体架构基础对微博平台的各类信息进行有效组织，由此构建的微博微本体包括如下组成部分：事件主体、事件类型、事件发生时间、发生地点、信息单元内容、关联资源及相关的语义信息。

（1）事件主体：某则微博的执行者和参与者。

（2）事件类型：根据不同微博描述行为对应的类型。

（3）事件发生时间：微博描述行为发生的时间。

（4）发生地点：微博描述行为发生的具体地点。

（5）信息单元内容：每个主体发布的信息内容，对应用户发布的每条微博。

（6）关联资源：微博信息单元中引用的各类资源的总称。

2）微博信息组织中微本体构建过程

在上述技术背景下，微本体的构建过程如下。

（1）微博标签信息的本体化。在具体实现上，首先用户通过 Folksonomy 对自己或者他人的微博信息进行标注，即为微博信息资源加上标签，这些标签能够在一定程度上反映微博信息资源的属性和特征，因此它实质上是一种由用户产生的元数据，并且具备多种类型元数据的功能，包括资源的描述、定位、权限管理等，只是这种信息既不规范又缺乏结构性。微博微本体的构建具体方法如下。

首先，进行标签的清洗。因为用来描述微博信息的标签数量众多且不断变化，每一个标签都参与到微博微本体构建中是不可能的，只能优选那些热门的标签，这是因为 Folksonomy 的运行机制使标签在使用量上呈现出无标度现象，即标签的添加和使用遵循幂律分布：热门微博使用的标签被多数用户使用，并能成为热门类目被"推荐"给更多的用户，而那些冷门微博信息标注和检索价值低的标签，其只用来满足用户的个性化需求，可以被用户以协作的形式"过滤"，从而实现标签的清洗。

其次，标签的优化是重要的环节。标签的优化主要是解决标签的重复、包含等问题，现有很多方法可以有效解决这个问题，如利用 FAC 技术，在后面的实验中用 WordNet 来处理微博标签中的包含关系，利用哈尔滨工业大学的语言技术平台（Language Technology Platform，LTP）自然语言处理软件进行词性处理。在词性处理的过程，对于单个词汇可以利用标注软件对各个词汇的词性进行标注。

最后，微本体框架的构建。利用微博标签构建本体框架的主要方法是把标签通过统计方法、聚类工具等技术进行聚类，获取标签之间的类层次关系，并选择合适的、有代表性的标签为聚类后的概念命名，最后标签成为微本体的主要框架，即微本体中的类及属性。标签语义关系抽取是采用一定的方法生成标签间等级结构，主要的方法包括聚类分析、概率模型和网络分析等。

（2）微博信息内容的本体化。微博信息内容中含有大量语义信息，本环节就是按照图 7-1 中的信息架构对类的属性和实例进行确立，根据实际需求，补充第（1）步中标签所不能够提供的属性，以信息内容对类的属性、属性值和其他语义关系进行补充，具体来说，其内容中的名词插入类结构中充当属性；形容词和数字充当属性值，动词抽取为具体关系，得到微本体原型。这样得到的微本体原型虽然丧失了部分语义功能和大部分推理能力，但是对于微博信息描述来说，其功能足以满足具体需要。微博微本体的构建过程如图 7-2 所示。

图 7-2　微博微本体的构建过程

7.3.5　微博信息组织中微本体的更新

目前网络环境下本体获取概念时存在概念更新的时滞问题，使得本体构建与本体使用相分离，无法形成有效的反馈。微本体的出现将有效地解决这一点，微本体的更新由 RSS 来实现。由于 RSS 提供的信息是动态的，一般按照信息发布时间进行排序，保证了微博信息的最新汇聚，形成了真正意义上的实时性。微博微本体关注的是社会的热点话题，基于某个社会热点新产生的微博信息无外乎两种情况：一种是对已有的子主题（话题）进行讨论；另一种是热点发展产生了新的子主题。对于第一种情况，只需找到新产生消息所属于的微本体并在其基础上增加一个微博微本体实例即可；而对于后一种情况，需要创建新的子微本体，然后把这些新的子微本体插入已有的父类微本体中，并且可能需要对总体的层次结构进行调整。至于新的热点话题，则需要构建新的微博微本体。这一过程让微本体架构聚合的内容不断地被打破重组，构成了持续优化和改进的内容组织形式，实现了微本体的优化更新。

7.4　本　章　小　结

本章对利用本体技术实现微博信息组织提出了具体可行的方法，通过 Folksonomy 和本体技术的融合来构建微本体，利用微本体实现对微博信息的有效组织，同时为后面的微博信息的传播和微博用户信息推荐的研究提供了有效的铺垫。

第8章　基于本体的微博信息传播

当今社会，微博正迅速成为主要的社会媒体之一，而这正是由其自身的优势决定的。微博有两大竞争优势，其一是具有很强的信息传播能力；其二则是具有强大的成员组织能力，这两大优势一方面使得信息在微博中得以快速传播，另一方面使微博中相应地出现了一些问题——数以万计的虚假和违法信息在微博中进行传播。如何控制这些不法信息的传播是目前有待解决的问题。要想正确引导，避免恶性信息的传播，必须要能正确掌握信息在微博网络传播的性质和规律。针对上述问题，本章梳理相关领域信息传播模型的研究，并进行总结与归纳，同时对未来的研究方向进行展望。

8.1　微博信息传播

微博的问世，使得信息在网络中传播的速度和广度大大提高了。在微博中，信息的传播有粉丝路径和转发路径这两种途径。粉丝路径是指，每个博主的粉丝都可以实时接收和阅读该博主发布的该条信息，简言之，该路径是博文直接被分发给博主的粉丝而产生的。转发路径是指如果某博主发布的某一博文能够得到粉丝的认可，并且愿意对其进行宣扬，进而对其转发，这样自己的微博就会出现这条博文，并且博文也会出现在那些博主的粉丝圈中，这样一来通常会造成初始信息传播到超出最初博主朋友圈的范围，进入更大的范围，从而实现信息更快、更广地传播。简言之，转发路径是博主粉丝转发博文后形成的。与此同时，博主粉丝为了表达自己的意见和想法，通常会在转发博文时对该博文进行一些评论，这样一来就会使博文的吸引力、号召力越来越大，有关的话题也不断增多，进而促进微博更加广泛地传播。

目前，国内外已经出现了许多像 Twitter、新浪及腾讯微博等类型的微博平台，它们的功能虽然各有不同，但是实现微博信息的分享和传播的方式都是评论与转发这两种机制。

8.1.1　信息传播的特征

用微博发布博文时可以采用各种各样的形式，这使得微博信息传播有着独一无二的特质。

相对于传统媒体，微博的信息不仅传播速度快、传播范围广，而且还有以下几方面不同。

（1）信息传播间接性。微博信息在传播方式上是间接式的，而非直接式的，通俗的说法就是绝大多数情况下，其他博主对原博主博文信息的转发才建立起原博主的博文信息与博文阅读者之间的联系。国外一些学者曾经对 Twitter 进行研究，研究发现微博信息在传播过程中，经过各种间接转发使信息接收范围不断扩大，从而造成大范围的阅读或者评论，也正因如此大部分信息的阅读者或转发评论者一般都不会是博文最初博主的粉丝。研究学者对 Twitter 网络中的博文信息数据进行分析，得出大约有 25.5%的博文是转发来的，并且这种现象在新浪微博网络中表现得更加明显，有超出 50%的博文都是转发的。

（2）信息传播路径短。微博信息的传播具有典型的小世界的特征，转发机制在微博中的应用使得信息在传播过程中呈现裂变式扩散，信息的传输速度非常快，相对于以往的传播拉近了原创博主与信息接收者的距离。在对 Twitter 的博文转发路径分析过程中，研究者发现小于 6 步的转发路径占到了 97.6%，最长距离小于等于 11 步。新浪微博转发路径在 3.09 步周围进行浮动，并且小于 10 步。分析其中的原因是这些社会网络本身的平均路径就比较短，再加上一条微博信息通常只会在对它感兴趣的团体范围内传播，并且每一次转发，该微博信息的用户数量会逐渐递减。

（3）信息传播时效性强。微博信息从它产生到消亡的这段时间一般只有几天，就算是一些热门的微博信息也不过能有两个高峰期，正常情况下，微博信息在瞬间得到用户的大量转发和评论，然后就淡出人们的视线，甚至消亡，又或者是等待新的转发高峰。据统计，Twitter 的博文中超过 50%是在一个小时之内被转发的，有75%的博文在一天之内被转发，只有 10%的博文在一个月之后才被转发。

8.1.2　微博信息传播的影响因素

微博信息在传播过程中会受到用户、微博信息和用户关系以及其他一些影响因素的制约，并且这些制约因素还可能存在一定的混沌性。下面是对影响微博信息传播因素的详细分析。

1）微博用户自身特点

微博用户对微博信息的传播节点包括发布、接收、转发和评论，不同微博用户的差异性行为对微博信息的传播影响比较大，他们对信息传播的影响程度通常比较分明，微博用户自身会直接影响到该条微博信息被关注的情况，一般而言网络领袖（拥有大量粉丝）的影响力远远大于普通用户，因为他们的微博信息容易被自己的粉丝群体所关注并得到转发，反之亦然。近几年，在对微博中的用户进行分析和分类过程中，国外一些研究学者为了计算 Twitter 中用户的中心度和权威度，利用了 HITS算法，同时与状态信息相结合发现用户由九大类构成，其中占主体部分的有如下四大类：信息共享（IS）、意见/抱怨（OC）、随机想法（RT）和关于我的一切（ME）。

国内研究者在对新浪微博实施的测量统计中发现，微博用户的粉丝越多，他的微博信息就越容易被关注或转发，简言之，微博的热度与用户粉丝的数量呈正相关关系，并根据两者之间的阈值关系计算出微博信息转发次数的最佳值。

微博信息在传播过程中，不同用户之间兴趣爱好是否相同、是否相互关注、关注用户是否一致等也都会影响到该条信息能否被关注转发。除此之外，账号建立时间超过一年的资深用户的微博信息通常更容易被转发。另外，有研究者还研究发现，在微博用户当中，有一部分用户极其活跃，喜欢转发各种信息，而另一部分用户很少转发和评论任何微博信息，极不活跃。影响微博信息传播情况的因素具体如图 8-1 所示。

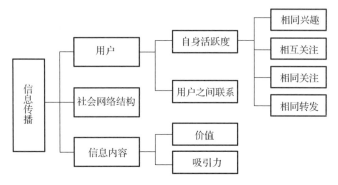

图 8-1　微博传播影响因素示意图

2）微博用户的社会网络结构

微博的网络结构是指微博用户所关注的与关注自己的粉丝之间构成的人员网络关系在网络社会中的体现。这种社会网络具有一定的真实性，它是由比较多的互相关注和比较少的现实好友网络组成的。具体来说，微博用户通过“关注”和“被关注”两种形式构建用户联系，以自身为中心形成自己的社会网络。这种社会网络结构是微博信息传播的主要途径，并可以直接影响信息的传播范围。到目前为止，已经有很多国内外的研究学者对微博用户关系的数据进行采集和分析，发现同一社会网络中的用户一般都具有相同或者相似的兴趣爱好并且愿意相互分享，同时还得出了微博用户网络呈典型的小世界的特征，即微博网络的聚类系数高，平均路径长度和平均直径都比较小，这极大地促进了信息的传播。

3）信息内容

内因往往是事物发展的主要原因，微博网络上总会存在包括文本、图片、链接视频、音频和 URL 等各种各样的信息，这些信息自身的价值和吸引力是影响其传播的重要因素。微博用户发现一个热点话题时，可以阐明观点、转发或者发表微博，例如，在新浪微博中标明讨论的话题通常采用“#（标签）”的符号。有研究学者采集和分析了新浪微博中差异信息的转发次数，结果发现转发次数最多的一般是娱乐类的微博；

用户对带有标签和 URL 的微博关注及转发量比较大，同时已经被转发多次的微博活跃性也比较强；另外他们还发现篇幅较长的博文通常信息量比较大，并且质量比较高。

8.1.3　微博信息传播过程

微博用户的传播过程是多对多形式的，所以，同一条信息从不同的关注者转发给下层粉丝，再由每个粉丝作为中心点向周围扩散，在传播过程中，上一级输出的微博信息都会成为下一个主体信息的输入项；此外，用户对待微博的喜好程度决定了下一层是否对信息进行输入。微博通过用户间关注传播的小世界特征延伸了微博传播的方向和范围。为了能够更详细地了解其中的传播过程，将微博信息传播分为三个阶段：传播初始阶段、持续互动阶段和信息消亡阶段。

1）传播初始阶段

决策是主体动作输出的基础，而动作输出正是主体内部决策的外部表现形式，并且使动作成为下一个主体的信息输入。图 8-2 所示为用户初次接触微博信息的过程。

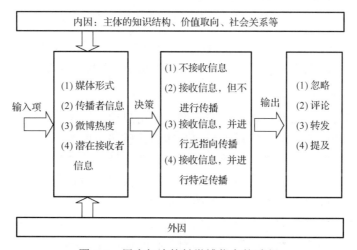

图 8-2　用户初次接触微博信息的过程

图 8-2 中，输入项主要是微博信息，其中媒体形式主要由以下因素构成：文字、图片、视频、音频；传播者信息主要由以下要素构成：用户名、用户身份（是否为认证用户）、发布时间等；微博热度由原微博已转发次数和评论次数、该次微博已转发次数和评论次数组成；潜在接收者可以定义为被提及的其他用户。影响输入项的内因中，主体价值取向体现为所关注微博信息和关注者的类别。

2）持续互动阶段

积极用户和消极用户共同构成了微博用户。积极用户通过初次接触微博动作，使原内容发生变化，进而产生衍生内容。在微博中，上层用户反馈的决策主要由下层用户的评论所决定，对于进入空间的用户来说，主体动作产生了新变化。

图8-3所示为用户持续度互动阶段传播信息的过程。

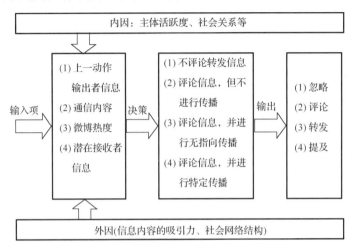

图8-3 用户持续度互动阶段传播信息的过程

图8-3中，用户名（注册用户的名称）、用户身份、发布时间（博文发表的时间）、通信内容等为输入项中上一动作输出者的用户信息；其他内容与初步接触阶段相同。

3）信息消亡阶段

对于微博而言，微博得以持续的关键在于用户的持续参与，包括持续评论、持续转发和提及动作等。最能够反映用户个体的情感和态度的指标是评价，最能够反映信息传播的程度的指标是转发数量，所以，在度量微博的特征时，这三方面是三大可量化的指标。用户的持续参与一方面可以扩大用户对特定微博的参与度和关注度，另一方面可以丰富微博内容，产生衍生话题。

在本章假设的有限的信息空间前提下，信息从产生到消亡的时间可以看成用户参与特定微博活动的时间。存在的主体对生存时间产生影响并作用于动作输出，当主体内在因素产生影响，用户采取忽略决策时，即表示该主体已退出信息空间。

8.2 微博信息传播建模

8.2.1 建模要素

本章的模型中传播要素主要分为微博信息的传播者、传播内容、传播行为和传播规则四个部分。

1）传播者

微博信息传播者包括微博发起人和受众,其中受众包括收听者、转发者和评论者,并且他们的关系会经常转化。微博平台存在和发展的根基正是微博的用户,并且各用户之间的关系是关注与被关注的相互关系,某一用户可以同时成为粉丝和被关注者。详细来说,从其自身的角度来看,因为他关注了很多其他微博用户,所以该用户是粉丝;从粉丝角度看,因为该用户被众多粉丝关注,所以该用户是被关注者。

微博用户是微博信息传播的节点,他们也在微博中占据主体地位,绝大多数的普通微博用户,经常在微博平台上发表自己的看法和想法,参与互动,更新状态,正是他们构成了微博用户的主体。此外,当微博关注者符合微博内部规定的条件时,可以向微博服务提供商申请"微博达人""吧主"等各种荣誉。

2）传播内容

新闻与资讯、兴趣分享、娱乐新闻、朋友的信息、生活小常识等共同构成了微博的传播内容。微博的热度可以用来衡量微博信息存在的时间价值和使用价值,而微博的热度由微博内容来决定,而微博的内容是靠信息内容的丰富程度、信息质量和信息的社交价值来决定的。具体而言,微博信息内容的丰富程度主要由文字内容、视频影视短片、图片等多媒体内容构成;信息来源的真实性、准确性、完整性和权威性表现了微博信息质量;微博的社交价值主要由被转发的次数、被评论的次数和用户所覆盖的范围所决定。

3）传播行为

微博信息的传播采用评论、关注和转发的形式,它们的传播行为分为主动和被动两种形式,前者包括转发和评论,后者是指以浏览为主的阅读模式。

4）传播规则

微博用户接收并传播信息的动因正是微博所描述的,这个动因有两方面:内部因素和外部因素。内部因素指的是传播者自身因素,包括其自身的知识结构、社交心理和价值取向等。知识结构可以通过用户关注的对象和领域、用户的标签来体现;社交心理一般分为积极型和消极型两类;价值取向则是指在面对某一具体事件时的价值倾向、价值态度和价值立场。外部因素指的是社会网络结构和信息内容的吸引力,吸引力取决于信息内容,包括主体和形式。传播网络能够体现周围人的观点,也能推动用户对信息的接收,它是基于关注网络而形成的传播路径;用户初次接触时,传播路径以关注路径为主,随着关注路径的不断增多,信息传播开始转向系统传播,这个时候传播网络结构为社会网络结构。

8.2.2　建模原理

在微博系统中,当某一用户发布一条信息时,只有他的粉丝可以浏览,如果粉丝对此话题非常感兴趣,就对其进行转发或者评论,甚至发表与本话题相关联的文章，这样他的粉丝很可能会继续阅读和传播。反之，如果该粉丝对信息不感兴趣，则后续行为便不会发生，那么信息就会被忽略而逐渐消亡。在这个过程中，如果把发起者看作感染源，那么他的粉丝或者其他用户就会成为进行转发、评论的感染者和只是浏览的免疫者。因此研究者选择利用传染病模型来研究微博信息传播。

8.2.3　模型构建

传染病模型中将微博信息用户分为三类，第一类为 S（Susceptible），称为易染状态，顾名思义是指健康状态；第二类为 I（Infected），称为感染状态；第三类为 R（Removed），称为被移除状态。

在模型中，处于 S 状态的用户感染到该疾病（转发或者评论微博信息）的概率为 β；处于状态 I 的用户得以恢复，即不再关注的概率为 γ；在众多传染病模型中，SIRS 模型是用来描述信息传播最贴切的模型，它关注的主要是上述几个状态的个体和动力学的重新分配，采用微分方程表示某个变量个体在上述几个状态下的变化。此时，用户在恢复之后受到某种刺激再次变成易染状态（S）的概率是 α。下面的方程式是一个在 SIRS 模型中构建的模型：

$$
\begin{array}{c}
\overset{\alpha}{\underset{\beta \qquad \lambda}{\Big\downarrow \overline{\qquad\qquad}}} \\
S \to I \to R
\end{array}
$$

$$
\begin{cases}
\dfrac{\mathrm{d}S(t)}{\mathrm{d}t} = -\beta S(t)I(t) + \alpha R(t)I(t) \\[2mm]
\dfrac{\mathrm{d}I(t)}{\mathrm{d}t} = \beta S(t)I(t) - \lambda I(t)R(t) \\[2mm]
\dfrac{\mathrm{d}R(t)}{\mathrm{d}t} = \lambda I(t)R(t) - \alpha R(t)S(t)
\end{cases}
$$

其中，这三个状态在任何一个时刻所占的比例为 $S(t)$、$I(t)$ 和 $R(t)$，且 $S(t)+I(t)+R(t)=1$。

信息的传播过程与上述传播类似。信息通过一条博文传播给直接粉丝，一部分粉丝对博文非常感兴趣，会对其进行评价甚至转发，这样粉丝的朋友圈会产生扩散效应使得信息得到继续转发与传播，已经转发过的用户以后可能对信息不再理会，也可能某一日又有新的感触进行再次转发。表 8-1 所示为传染病传播和微博信息传播的类比。

表 8-1　传染病相对于微博信息传播的比较

传染病传播状况	微博信息传播状况
传染病病菌	微博信息源
感染（找到病载体）	转发
已经感染的个体	所有转发微博信息的用户
比较容易感染的个体	转发用户的粉丝圈
免疫个体（有抵抗能力的个体）	已经转发信息并且绝对不会再次转发信息

传染病与微博信息传播的类比模型（表 8-2），用来进一步说明两者之间的一致性。

表 8-2　传染病和微博信息传播所具有的特征对比分析

传染病模型	微博信息传播特征
SI	微博信息被粉丝用户有比较地进行转发
SIS	微博信息受到粉丝青睐被二次转发
SIR	微博信息不会被再次转发
SIRS	微博信息能否再次被转发取决于用户能否再次对信息产生兴趣

但是，上述模型也存在局限性，这种模型通常只对信息传播进行建模，尚未考虑传播网络拓扑结构对传播行为的影响。实际生活中，主体接收知识的基础在于其周围拥有知识的群体，同时使该主体在下一刻成为拥有知识的群体的概率 p，假设信息传播者接触到了潜在目标个体，前者将后者感染成功的概率为定值，那么目标个体会从 S 态变成 I 态。按上述假设则表示微博用户拥有的粉丝数量越多，那么他发表的博文被关注或者被转发的可能性就越大。以下是根据流行病动力系统构建的动力系统模型：

$$\begin{cases} \dfrac{\mathrm{d}I_k(t_2)}{\mathrm{d}t_2} = \lambda_1 S_k(t_2) I_k(t_2) P_k - \lambda_2 I_k(t_2) \\[2mm] \dfrac{\mathrm{d}S_k(t_2)}{\mathrm{d}t_2} = -\lambda_1 S_k(t_2) I_k(t_2) \\[2mm] \dfrac{\mathrm{d}R_k(t_2)}{\mathrm{d}t_2} = \lambda_1 S(t_2)_k I_k(t_2)(1-P_k) + \lambda_2 I_k(t_2) \end{cases}, \quad k=1,2,\cdots,N \qquad (8\text{-}1)$$

约束条件：

$$\begin{cases} S_k(t_2) + I_k(t_2) + R_k(t_2) = n \\[1mm] S_k(t_2) \geqslant 0, I_k(t_2) \geqslant 0, R_k(t_2) \geqslant 0 \end{cases}, \quad k=1,2,\cdots,N \qquad (8\text{-}2)$$

8.2.4　微博传播与微博热度

由上述模型的表述可以知道，从传播方式来看，微博信息与传染病极为类似，是采用"感染"用户的方式进行传播的。换句话说就是，微博用户将信息传递给下层用户，由于每个用户都拥有众多粉丝，所以传播速度快，与病毒一样呈裂变式传播。

同样通过模型发现，微博热度和用户的各种行为是影响微博传播的主要因素，它们决定了感染率的大小。本书利用以主体的信息传播和接收能力影响的微博受关注度来研究微博的传播。根据以上的分析，影响微博传播的因素很多，最重要的有三个方面：信息内容质量、用户行为选择、用户社会网络，本书将从这三方面进行详细探讨和分析，结构图如图 8-4 所示。

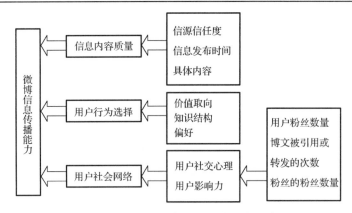

图 8-4　影响微博信息传播能力因素示意图

以下对图 8-4 中的内容进行详细分析。

1）信息内容质量

信源信任度、信息发布时间和具体内容是影响信息质量的重要因素。最近发生的重大事件、受众关注的信息、政府权威或名人发布的消息或者是引人入胜的信息，通常它们的传播影响力会更加显著；另外，一般微博用户不会去关注所有的信息，而是会根据时间的先后浏览，前几页内容在发布早期的被接收程度会直接影响信息后续的传播，信息的时效性较强，所以合适的发布时间也会造成很大的影响；同时，微博信息的格式对微博信息的传播也存在一定的影响，通常含有 Hashtag、URL、@符号等的信息会产生更多的延伸信息，更容易被接收和转发。

2）用户行为选择

不同的微博用户对待同一条微博信息时的处理方式不同，有的只是浏览，有的会进行评论和转发。微博中，用户的选择是内部决策的过程，在这一过程中用户的价值取向、知识结构和偏好都会对其选择带来很大影响。用户的参与时间与下层节点的接触概率会受到用户每天的博文原创量、转发数量及其评论和对话的持续性的影响。接触的结果，也就是大家常常说的决策结果，可以通过动作向外界传出信息来体现，因此本章对用户接收能力的大小采用接收概率来进行衡量。

事实上，用户行为选择的重要驱动力是微博的内容与其兴趣的匹配程度。在微博中，热门主题往往是被大多数用户提及的，体现的是全局兴趣倾向，而其他的内容往往是特定兴趣的用户之间谈论的话题。所以推动微博信息传播的两大要素是用户的兴趣和微博内容是否相似。本章利用 Jaccard 相似度进行分析，有利于对兴趣进行提取的同时计算两者之间的相似关系，Jaccard 相似度越大，则说明两者之间相关性越高。

3）用户社会网络

用户社会网络是衡量用户传播能力的重要标准，具体可以通过用户社交心理和用户影响力来进行衡量,其中用户影响力又可以通过用户粉丝数量、博文被引用和转发的次数以及粉丝的粉丝数量来衡量。在微博网络中,关注者和被关注者之间可以看成一种拟社会关系,与传统媒体类似,关注者一般更加信赖自己所关注的人,从而更加愿意转发他们发布的信息,所以这种关系间存在相互了解程度不对等的情况,也会因此影响转发行为的发生。本章为了衡量用户的传播能力选用用户的粉丝程度作为评价指标。

此外,受激活次数也是衡量传播能力的重要指标,在微博网络中,某一用户转发该条信息的倾向性会随着朋友中转发该信息人数的增多而发生变化。

8.2.5 特征提取

从统计意义上来说,微博文本和用户属性特征会对用户的转发行为产生影响。微博的内容、用户的属性和网络关系共同影响着用户的转发行为。

结合以上叙述,本节从四个方面对用户特征进行提取,提取了 17 个影响微博转发的数值化特征(表 8-3),将特征分为如下四类:第一类特征为兴趣相似程度,称为 A 类特征;第二类特征为社会关系的影响,称为 B 类特征;第三类特征为文本特征与用户属性的影响,称为 C 类特征;第四类特征为用户受激活次数的影响,称为 D 类特征。

表 8-3 影响消息转发特征列表

类别	序号	名称
A	1	微博 r 与微博热点话题的 Jaccard 值
	2	微博 r 与用户 u 的 Jaccard 值
	3	微博 r 与用户关注节点 v 的 Jaccard 值
B	4	发布者的粉丝数
	5	发布者被转发微博数
	6	发布者是否为实名认证
	7	用户之间共有的关注者数目
	8	用户之间共同转发数目
	9	用户之间的历史转发数
	10	用户之间的历史评论数
C	11	是否包含 URL
	12	是否包含 Hashtag
	13	是否包含@符号
	14	用户的关注数
	15	用户的粉丝数
	16	用户所发微博数
D	17	用户关注节点的已有转发次数

表 8-3 显示的众多特征中,用 0 和 1 二元表示的有特征 6、11、12、13,其中 0 和 1 分别表示"否"与"是",其余的特征是可以从历史数据集中直接提取的。上述

特征和转发行为具有线性关系，进而得出如下用户转发行为的概率：

$$\text{Pr}_u = P(y_u = 1 \mid x) = \frac{1}{1 + \exp(-\omega(1 + F_u(r, G)))} \tag{8-3}$$

其中，微博与用户的属性集合用字母 x 来表示；影响用户用字母 $F_u(r,G)$ 来表示，转发行为的特征集合用字母 u 来表示；采用极大似然函数的方法来获得权值向量，此向量用字母 ω 来表示，用户 u 利用 N 条历史微博数据形成训练集，因此 N 个观测值的似然函数可以表示为：取最大值时所求得的值，即为要求的权值。

8.3　本体规范下的微博信息传播

从前面的分析看出，微博信息在传播中有着典型的混沌性，微博信息传播受到众多因素的影响（众多的特征），行为预测的初值敏感性、微小的变动会导致传播结果截然不同，尤其是关键节点的变动对微博信息传播有着重要的影响。

这些节点以系统观点来看就是信息传播的关键节点，对其进行表征和建模是必要的，因为要控制微博舆论，必须对其进行表征提取，知道什么样子的微博在传播过程中什么状态时会发生不可控，即系统的质变阶段，这个阶段称为微博信息传播的临界点阶段。在临界点附近，传播范围对信息价值变化的灵感度较高，因此，通过控制相关事件的演化，或实施有效的网络传播控制措施，将更容易达到事半功倍的网络监管效果。

8.3.1　微博信息传播本体模型构建

从上面可以看出，微博信息的传播一旦超越临界点便难以控制，造成不可挽回的结果。因此，在微博舆论发生之前对临界点进行分析和鉴别非常有必要，从而做到对恶性的信息传播的规范和抑制，做到防患于未然。本章借助第 7 章信息组织里面信息建模的角度，通过对微博信息传播本体的监测从而达到微博信息传播预警的目的。微博信息传播本体是一种专门用来检测微博舆论的信息架构，其依据微博信息组织中的微博微本体构建信息元件，对某一时间微博爆发进行有效的趋势预警。微博信息传播本体是在只保留微本体概念层次的基础上加入对实例的个数统计等属性形成的新本体，这些新的属性包括原有实例个数、新增实例个数和实例快速增加的累积时间，具体构造过程如图 1-4 所示。

在微博信息传播本体构建完毕后，将其存储在微博信息传播本体库中，在 RSS 推送技术的支持下，微博信息传播本体的更新也较好地保持了实时性。在以上背景下，本书提出的对微博信息传播的监管转化成对微博信息传播本体库中的本体进行监测。在具体实现上，可对微博信息传播本体中原有实例个数、新增实例个数和实例快速增加的累积时间进行监控，尤其是对单位时间内暴增实例的传播本体进行关注，一旦发现其有突破临界点的趋势便予以报警。

实际上，根据微博信息传播的特点，对于网络信息传播的非热点问题，不需要监管，毕竟其所受的关注度有限。微博信息传播的热点才是需要控制和预警的内容。前面已说过，热门话题必然形成热门标签，热门标签在 7.3.2 节的讨论中已抽象成微本体，所以只需要对微本体在一定时间内实例增加数进行监测就可以知道微博信息的传播情况，从而可以有效地监管热门微博信息的传播，并采取相应措施，如减少 RSS 信息推送等在技术层面控制微博信息的传播。

8.3.2　基于本体的微博信息传播管理机理

微博信息管理受信息组织技术的影响，微博信息组织技术与方法可以促进微博信息分享、信息挖掘、舆情分析等，对微博信息生态链动态生成以及生成之后的平衡和净化都具有重要影响。

系统科学认为任何系统都存在一个临界点，微博系统更是如此，在以临界点为中心的附近区域内，微博上各种操作行为变化对传播范围的影响很大，即在临界点附近，传播范围对微博上的各种操作行为变化的灵感度较高，因此，在临界点附件通过控制微博上相关事件的演化，或实施有效的网络传播控制措施，将更容易达到事半功倍的微博信息管理效果。从上面可以看出，微博信息的传播一旦超越临界点便难以控制，因此在临界点产生前对传播信息进行分析和鉴别，可以做到对恶性的信息传播的规范和抑制。本书从信息建模的角度，通过对微博信息抽取而成的微博微本体的监测从而达到微博信息传播预警的目的。

在微博信息传播环节，为了实现对微博信息传播管理的需要，本书把微博信息的发布、转发、评论、回复作为主要的监测对象构建不同的微博微本体，在保留微博信息组织中微本体主框架不变的基础上，重构四种微本体，其主要语义信息如下。

发布微本体：（主体，时间，地点，信息单元，资源列表）。

转发微本体：（主体，时间，地点，信息单元[转发微博]，参考信息单元）。

评论微本体：（主体，时间，地点，信息单元[评论微博]，参考信息单元，资源列表）。

回复微本体：（主体，时间，地点，信息单元，参考信息单元[评论微博]，资源列表）。

在 RSS 推送技术的支持下，微博微本体的更新也较好地保持了实时性。新的微博信息出现后，首先通过微本体架构抽象成微本体实例，通过本体匹配技术与微博微本体映射解析出来的四种子微本体即发布微本体、转发微本体、评论微本体和回复微本体进行匹配，具体匹配过程可参考作者的另一篇论文《基于虚本体构建的语义网领域本体匹配研究》。在以上背景下，作者提出的对微博信息传播的监管转化成对微博微本体库中的四种子微本体实例进行监测，对任意子微本体实例中原有实例个数、新增实例个数和实例快速增加的累积时间（存储在微博微本体实例统计库中）进行监控，尤其是对单位时间内暴增实例的微本体实例进行关注，一旦发现其有突破临界点的趋势便予以报警。

图 8-5 具体展示了本书构造的微博信息监管模型，此模型提出了在技术层面监管微博信息的模式和方法，把微博信息传播的管理转化为对微博微本体实例统计库的监测，在技术上有很强的可行性。

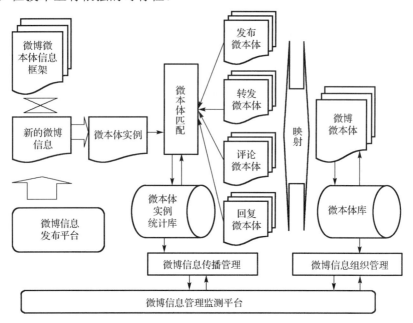

图 8-5　基于微本体架构的微博信息传播管理机理

8.4　本 章 小 结

随着微博网络的产生和发展，微博的用户数量逐渐增多，并且微博网络凭借自身传播的优势，迅速成为当今主要社会媒体之一。本章在对微博信息传播特征、影响因素、传播过程进行详细分析的基础上，从微博信息传播者、传播内容和传播行为三个要素的角度建立了基于传染病动力模型。该模型将微博用户分为易感状态、感染状态和被移除状态，基于实际生活中传染病传播的过程来立体形象地展现微博信息传播的过程。针对微博信息传播体现的混沌和分形特点，本章利用本体建模思想对微博信息的组织和传播进行了规范，有效地提高了微博信息描述的规范性，同时利用 Folksonomy 和本体技术构造的微本体来组织微博信息，实现微博信息组织和传播中的可监测性。

第9章　基于 Folksonomy 和本体融合的
微博信息推荐机制研究

综合国内外研究现状，这些研究可以分成两大类：基于内容的微博信息推荐和基于社会网络的好友推荐，在技术上通过分析显性的微博结构特征和隐性的用户推荐机制来实现最终信息推荐的目的。这些研究无疑提高了推荐的效果，但是仍存在着一些不足。

（1）计算复杂，准确率低。由于微博采用 Folksonomy 来组织信息，加上语言本身的复杂性和用户标注的随意性因，信息组织的清晰度和资源查询的准确度都会降低；另外，微博中的信息多是零散的、高噪声的、随机的和碎片化的，这就导致了要构建的文档向量空间矩阵维数非常高，LDA 模型虽然刻意降维，但效果不甚理想。

（2）语义缺失，结构化低。由于微博内容的简短性，同一个词出现在不同微博中的概率会远小于普通文本,若使用传统语义分析中以词语为特征的向量表示方法，则很难准确计算文本间的相似度，操作复杂。这就造成含义相近的词语经常被用户用来标注同一个资源，相似资源总是分散在多个近义异形标签下面，导致语法结构杂，缺乏近义异形词控制。

9.1　微博信息推荐中的 Folksonomy 和本体融合——微本体

目前的微博在技术上采用 Folksonomy 对微博信息进行组织,用户通过标签技术帮助管理自己发送的信息和其他信息资源。作为一种新型的网络信息组织工具，微博用户根据自己的需要自由选择词汇对微博信息进行标注，微博信息根据不同的标签被组织到不同的分类之下。为了达到简单易用的目的，Folksonomy 取消了对语言的控制手段。因此，尽管基于标签的方法能够简单有效地实现微博同类信息的聚合，但语义控制和类目间关系的缺乏给基于标签的信息浏览和检索造成了不便。目前国外研究者已经积极展开多种实验，在挖掘标签数据中的等级的同时构建本体就是目前的主要技术方法。如果利用本体对微博信息进行规范，那么将大大地提高微博的语义性。但是，本体的构建实现起来却比较复杂和困难，成本昂贵，且可操作性欠佳。本书试图利用本体与 Folksonomy 的融合解决这一难题，通过构建一种基于 Folksonomy 的类似本体的结构，这种结构化的信息形式既可以结合 Folksonomy 的优点，让所有用户参与到本体构建中，降低微博信息本体的构建成本和复杂度；又可以拥有本体的优点，形成结构化的、无歧义的、易控制的信息组织结构，便于信息的监管和传播。为了满足利用 Folksonomy 构建本体的需要，我们对本体的架构进行了简化，只保留概念、属性、实例及相关的语义信息。这种基于 Folksonomy 构建的本体结构对现有的本体构建模型进行了简化，只能保证微博信息这种小规模本体的语义性，被称为"微本体"。微本体的构建利用 RSS 推送技术和本体架构易于实现。微本体的构建过程如图 1-3 所示。

9.2　基于微本体架构的微博信息推荐方法

通过 9.1 节的分析可以看出，微博信息和微博用户是不分开的。微博信息总是伴随着微博用户而存在，在众多微博用户中寻找到与自己有共同兴趣爱好的用户，也就找到了想要获得的信息。现行的微博信息推荐多是基于 LDA 模型的，LDA 模型可以把一个用户的微博内容合并生成一篇由 N 个主题组成的文章。通过对这个合并而成的文本进行建模，可以在对整合而成的文本进行主题分类的同时判断相似度。LDA 通过将微博信息文本映射到主题空间，即认为一篇文章由若干主题随机组成。但是在微博信息推荐中使用 LDA 模型有一个前提，即提前构建词袋，也就是常说的"bag of word"。LDA 模型实际上就是对词的集合的操作，忽略任何语法或者出现顺序关系将会造成语义的缺失，如图 9-1 所示。要弥补这个缺陷，必须使主题层面具有明确的语义性，基于前面提到的微本体建模的思想，对主题层进行微本体建模不失为一种好的策略。

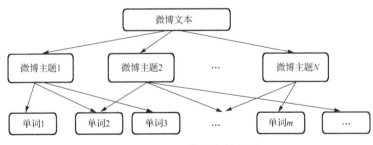

图 9-1　LDA 模型架构解析

9.2.1　微博主题微本体的构建

首先，利用 LDA 模型的主要思想把一个博主发表的所有博文整合起来，成为一个大的文本，从信息建模的角度把其看作所有内容主题的一个混合概率分布，而将其中的每个主题不再看作在单词上的一个概率分布，而是对这个由微博短文合并而成的总文本进行微本体建模，把微博信息的主题层变成主题微本体概念层来增强语义性。在上述技术背景下，主题微本体的构建过程如下：在概念获取环节，在广泛微博用户的参与下通过社会标注系统获取相应的术语集；在概念语义关系确立环节，通过统计方法、聚类工具等技术对微博标签进行聚类，获取类层次关系，并为聚类后的概念命名，这个名字也是主题微本体的名字；在类的属性和实例确立环节，根据实际需求，选择标签为属性，以资源为实例对类的属性和实例进行补充，得到主题微本体原型。这样得到的本体原型虽然丧失了部分语义功能和大部分的推理能力，但是对于微博信息描述来说，其功能足以满足具体需要。同时，优选出来的各个标签代表的资源成了主题微本体的实例。

在具体实现上，本书利用 WordNet、Galicias 等作为构建的辅助工具，对标签词与微博信息进行词汇处理、词间关系处理等，由于在构建微本体时最大的障碍就是确定标签词间的关系，而 WordNet 已经提供了非常严格和良好的词语的关系构架，所以可以借助于 WordNet 来进行标签词间关系的构建。从微博用户描述中抽取标签，利用统计方法对其指标所做的标注进行净化，清洗掉重复率低于 20% 关注的标签，以剩余标签名作为主题微本体的名字，利用 WordNet 梳理标签间的关系作为第一次补充语义信息；利用 WordNet 对微博信息内容进行分析，其内容中的名词插入类结构中充当属性；形容词和数字充当属性值，忽略掉动词信息作为第二次语义补充信息；推理规则只保留 oneof、disjiontwith、equivalentclass 和 rdfs:subclassof。利用本体构建工具——Protégé 构建微博微本体，构建后的指标微本体用 OWL 存储，利用 Galicias 再次呈现到微博平台上。值得注意的是，这个过程不能消除同义的主题本体，这给建设词袋带来很多不必要的问题，所以必须进行同类主题本体的合并，本书采用本体匹配算法解决这一问题，实现同类本体的合并，具体算法如图 9-2 所示。

这样生成的微博主题就以本体架构进行了规范化，消除了标签和微博信息内容中的一词多义和同义词现象，提高了语义性，为使用 LDA 解决了后顾之忧，同时为降低 LDA 模型的维数打下基础。

```
输入：DO 用来表示已有的主题微本体，UO 表示用来比较的主题微本体
输出：两个主题微本体的相似度
BEGIN
(1) Zsim(DO,UO)=0;              //初始化
(2) 计算每个子本体的深度系数；
(3) Vsim(DO,UO);               //计算以这 2 个本体为根节点的子本体的相似性
(4) for(all edges of 1)        //两个本体根节点发出的边之间的相似性
    for(all edges of 1)        //计算边之间的相似性
    Lsim(1,1);
(5) sim(DO,UO);               //根节点综合相似度的计算
(6) if 有子节点
    开始递归，把边指向的节点作为下次递归的入口节点；
(7) Zsim(DO,UO)                //根据从边出发的子本体节点的累加相似性，把各节
                                点按权值相加得出 2 个本体的相似度
(8) return Zsim(DO,UO);        //输出相似度的值
END
```

图 9-2　主题微本体合并匹配算法

9.2.2 基于改良 LDA 模型的微博信息推荐

经过上面的分析可以看出，微博信息推荐的好友发出的（或者转发的），同时又是本用户关注主题的那些信息无疑是最好的。基于上述想法，本书提出的算法是利用主题微本体对微博用户本身进行建模，并利用降维的 LDA 主题模型推荐算法来进行用户推荐，同时结合 Folksonomy 对推荐的用户信息进行再次筛选，从而达到提高微博信息推荐精度的目的。改良后的微博信息推荐算法步骤如下。

（1）构建微博用户模型。微博用户的兴趣是较为恒定的，为了确定用户的兴趣必须对这个微博用户的所有博文进行整合分析，这就要求首先将每一个微博用户的所有微博合并到一起。通过微博信息平台上每一个用户的微博信息内容构建微本体来进行主题本体生成，从而得到微博用户生成主题的概率多项分布，用来表征微博用户的兴趣模型。利用微本体化过程对微博信息进行处理，得到以微本体表示的主题列表，把 LDA 的三级“文本-主题-单词”型变成“用户-主题微本体”两级架构，实现 LDA 模型的降维处理。此时每个微博用户所发表的微博内容主题的概率分布如图 9-3 所示。

$$
\begin{array}{c} \\ u_1 \\ u_2 \\ \vdots \\ u_m \end{array}
\begin{array}{c} \begin{array}{cccc} z_1 & z_2 & \cdots & z_k \end{array} \\ \left\{\begin{array}{cccc} p_{u_1,1} & p_{u_1,2} & \cdots & p_{u_1,k} \\ p_{u_2,1} & p_{u_2,2} & \cdots & p_{u_2,k} \\ \vdots & \vdots & & \vdots \\ p_{u_m,1} & p_{u_m,2} & \cdots & p_{u_m,k} \end{array}\right\} \end{array}
$$

图 9-3　主题微本体表示的用户模型

（2）微博用户相似度计算。微博用户的相似度来源于其兴趣的相似度，归根结底来源于微博信息内容的相似度。这种相似度在本书研究中表示为主题的相似度。借用相对熵（KL）散度算法的主要思想，利用式（9-1）来计算用户的相似度。其计算值越大，说明用户之间的兴趣越相似，其双方的相互推荐越有价值。在改进的基于 LDA 的用户主题模型中，在用户层面上不用再刻意追求语义性，因为下面的主题层已是主题微本体的名字。所以在计算微博用户主题分布区间时可用 KL 距离来表示，此时计算如式（9-1）所示。其中，S_{ij} 为用户 U_i 和 U_j 的相似度；U_i 和 U_j 分别是它们的主题概率分布。该值越大，则两用户越相似：

$$S_{ij}=\frac{1}{D(U_i,U_j)}=\frac{2}{[D_{\mathrm{KL}}(U_i\|U_j)+D_{\mathrm{KL}}(U_j\|U_i)]} \tag{9-1}$$

（3）微博用户推荐与信息推荐。根据上面微博用户相似度计算中的结果选择相似度最高的其他用户为目标用户进行微博用户的个性化推荐。但是由于微博信息内容的海量性，不可能选择所有的有共同兴趣的用户进行推荐，只能选择排名靠前的若干个用户作为推荐用户，同时将推荐用户的微博信息中与目标客户最近关心（时间指标）的主题所关联的微博信息置顶推荐。

9.3　实证检验与分析对比

为了验证上述算法的正确性和可行性，本书构造出基于微本体的主题模型后，使用 Neo4j 软件把结果显示出来，它是一个用 Java 实现、完全兼容 ACID（Atomicity，Consistency，Isolation，Durability）的图形数据库，Neo4j 软件内核是一种极快的图形引擎，具有数据库产品期望的所有特性。其结果能从 SQL 直接导出，与此同时，推荐的结果能够方便快速地输送到软件前台，并进行实时展示，用以实现主题关键词的标签云展示及用户推荐的关联散点图等。与此同时，本书基于 Perplexity 指标对微博信息推荐效果进行评价。Perplexity 指标是一种在语义计算中常见到的指标，其本质是一种评估语言模型生成性能的标准测量指标，在这里用来测试微博信息内容的似然估计，并用来衡量模型对新微博信息中主题的推荐能力。一般说来 Perplexity 值越小，就表示似然估计越高，也就表示模型的生成性能越好，具体计算公式为

$$\text{Perplexity}(U_{\text{test}}) = \exp\left\{-\frac{\sum\limits_{i=1}^{N}\ln p(w_{u_i})}{\sum\limits_{i=1}^{N}N_{u_i}}\right\} \tag{9-2}$$

在本实验中，利用腾讯微博的 API 获取了 6 个较常见领域的微博数据，这 6 个领域分别是体育、房产、媒体、科技、娱乐和汽车，与人们生活密切相关，具有一定的代表性，主要提取热门推荐的人物微博；另外，通过 API 获取这 6 个领域的用户微博，采集上限为每个用户 100 条。此次收集时间为 2014 年 4 月 12 日～2014 年 4 月 28 日，收集微博 436778 条。实验结果如图 9-4 所示。

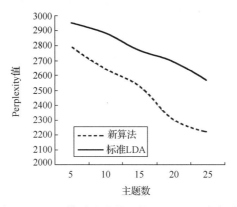

图 9-4　LDA 模型改进前后的 Perplexity 指标值

9.4　本　章　小　结

随着互联网规模的增大和复杂性的提高，微博信息推荐作为一种个性化服务的研究变得越来越重要。本章设计了基于微博平台的个性化标签推荐系统，该系统通过构建主题微本体来发现微博用户的兴趣所在，这种方式取代了原有的抽取用户微博的关键字的方式，同时通过规范化的主题标签并结合 LDA 主题推荐模型，最终为每个用户以打标签的形式表明其个性化的需求。此方法作为一种基于实体的推荐算法，能够通过微博用户的话题发现微博用户的兴趣。如果结合 Web 数据挖掘技术，利用好 Web 日志挖掘技术中的关联规则、分类预测，则能使推荐精度进一步提高。

结　语

本书前半部分从现有语义网检索系统研究热点入手，指出语义网本体构建的非自动化和语义网本体匹配的模式算法的低效是目前语义网检索中遇到的主要难题。为了解决这两个问题，本书提出利用 LDAP 信息自动构造语义网领域本体的方法，同时利用语义网领域本体的解析和 UDDI 语义网注册信息的提取构造语义网服务本体，从而替代目前靠领域专家人工构建语义网本体的方法；为了在语义网信息检索中真正实现本体与本体之间的匹配，本书提出了构造语义网虚本体来解决这一难题，同时分别改进了语义网领域本体和语义网服务本体的匹配算法来提高检索的效率和精度。另外，针对目前语义网用户检索要求越来越复杂的情况，单一的语义网本体无法满足用户需要，为了解决这一点，作者提出利用语义网本体的组合解决这一问题，并对什么时候需要语义网本体组合、怎么组合、组合本体的形态和如何查找语义网本体的组合进行了详细的分析，同时给出了相应的算法。最后，在详尽分析现有语义网信息检索模型优点和缺点的基础上，对现有模型在三个方面进行了改进，即增加了语义网本体的自动构建和语义网本体组合及匹配模块，改进了语义网本体匹配模块中的匹配模式和算法，从而构建了一个基于四库模型的语义网信息检索模型，并在仿真语义网平台上进行了验证，取得了不错的效果。

后半部分解决了现有微博信息管理中的信息组织、信息传播和用户推荐三个方面的问题，具体来说是从本体建模的思想出发，利用本体建模思想对微博信息的组织和传播进行了规范，有效地提高了微博信息描述问题的规范性，同时利用 Folksonomy 和本体技术构造的微本体来组织微博信息，实现微博信息传播中的可检测和可控性，为微博信息管理在技术层面上提供了具体的实现方法，同时结合用户层面信息推荐机制提出基于本体的微博信息管理机制，所有这些将有效地丰富现有微博研究的理论体系，丰富信息资源管理相关理论。

本书基于本体技术在微博信息组织、微博信息传播和微博信息推荐方面进行了研究，取得了一定的成果，但也有些不足和遗憾之处。在撰写本书的过程中，作者查阅了大量相关文献，在总结国内外研究工作时，还发现关于微博信息管理的研究缺乏系统性，现有成果只是对微博信息组织、传播及用户推荐三部分中的一点进行研究，无法串联到整个微博信息生命周期里面实现整体最优性。具体来说，就是无法把微博信息组织的规范化、微博信息传播的可控化以及微博信息推荐的个性化与精准化三个方面有机地联系起来，所以引入信息生态理论实现对微博信息全过程、全方位、全视角管理将是今后的重点研究方向。

参 考 文 献

[1] 中国互联网信息中心. 第 31 次中国互联网络发展状况统计报告. http://www.cnnic.cn/hlwfzyj/
hlwxzbg/hlwtjbg/201301/P020130122600399530412.pdf[2013-1-20].

[2] 高弋坤. 新浪微博用户数再创新高. 通信世界, 2012, 46: 11.

[3] Guo Z, Li Z, Tu H, et al. Detecting and modeling the structure of a large-scale microblog. Future
Information Technology, Application and Service, 2012: 151-160.

[4] Fan P, Li P, Jiang Z, et al. Measurement and analysis of topology and information propagation on
Sina-Microblog// Proceedings of the IEEE International Conference on Intelligence and Security
Informatics, Beijing, 2011, 10: 396-401.

[5] Zhang D, Xie Z. Analysis and research on microblogging network model based on crawler data//
Proceedings of the International Conference on Computer Science and Network Technology,
Harbin, 2011, 12(2): 653-656.

[6] Li C, Zhao Z, Liu S, et al. Relationships between geographical cluster and cyberspace community:
A case study on microblog// Proceedings of the International Conference on Geoinformatics,
Hong Kong, 2012, 6: 452-455.

[7] 曾明彬, 周超文. 基于小世界理论的社会网络服务与未来教育探析. 商业时代, 2011, 3:
32-33.

[8] 王冠男. 微博客的信息流动机制与传播形态. 机电产品开发与创新, 2010, 6: 74-76.

[9] 王莹莉, 张敏. 国内微博研究现状综述. 图书馆学研究, 2012, 12: 2-8.

[10] 胡昌平, 胡吉明. 网络服务环境下用户关系演化规律研究. 中国图书馆学报, 2011, 2: 4-10.

[11] 王晓光. 微博客用户行为特征与关系特征实证分析——以"新浪微博"为例. 图书情报工作,
2010, 14: 66-70.

[12] 袁毅, 杨成明. 微博客用户交流的机制、结构及特征研究. 图书馆论坛, 2010, 6: 82-86.

[13] Hall C E, Zarro M A. What do you call it: A comparison of library-created and user-created tags//
Proceedings of the Joint International Conference on Digital Libraries, Ottawa, 2011, 6: 53-56.

[14] Kipp M E I. Tagging of biomedical articles on CiteULike: A comparison of user, author and
professional indexing. Knowledge Organization, 2011, 38: 245-261.

[15] Kaplan A M, Haenlein M. The early bird catches the news: Nine things you should know about
micro-blogging. Business Horizons, 2011, 54: 105-113.

[16] Welch M, Schonfeld U, He D, et al. Topical semantics of twitter links// Proceedings of the Forth
International Conference on Web Search and Web Data Mining, Hong Kong, 2011, 2: 327-336.

[17] Kwak H, Chun H, Moon S. Fragile online relationship: A first look at unfollow dynamics in twitter// Proceedings of the International Conference on Human Factors in Computing Systems, Boston, 2011, 3: 1091-1100.

[18] Ma Y, Zeng Y, Ren X, et al. User interests modeling based on multi-source personal information fusion and semantic reasoning// Active Media Technology, Lanzhou, 2011, 10: 195-205.

[19] Xu G, Meng X, Wang H. Build Chinese emotion lexicons using a graph-based algorithm and multiple resources// Proceedings of the International Conference on Computational Linguistics, Beijing, 2010, 9(2): 1209-1217.

[20] Velikovich L, Blair-Goldensohn S, Hannan K, et al. The viability of web-derived polarity lexicons// Human Language Technologies: Conference of the North American Chapter of the Association of Computational Linguistics, Los Angeles, 2010, 6: 777-785.

[21] Lu B, Song Y, Zhang X, et al. Learning Chinese polarity lexicons by integration of graph models and morphological features// Information Retrieval Technology, Dubai, 2010, 12: 466-477.

[22] Lee D, Schleyer T. Social tagging is no substitute for controlled indexing: A comparison of medical subject headings and cite ULike tags assigned to 231, 388 papers. Journal of the American Society for Information Science and Technology, 2012, 9(63): 1747-1757.

[23] 刘鲁, 刘志明. 基于机器学习的中文微博情感分类实证研究. 计算机工程与应用, 2012, 48: 1-4.

[24] 王晶, 朱珂, 汪斌强. 基于信息数据分析的微博研究综述. 计算机应用, 2012, 32: 2027-2029.

[25] 杜伟夫. 文本倾向性分析中的情感词典构建技术研究. 哈尔滨: 哈尔滨工业大学, 2010.

[26] 章成志, 何陆琳, 丁培红. 不同领域的用户标签主题表达能力差异研究——以中文微博为例. 情报理论与实践, 2013, 36: 68-71.

[27] 吴丹, 王艳妮. 社会标签的规范性研究——学术论文标注. 图书馆, 2012, 1: 85-88.

[28] 潘婵, 冯利飞, 丁婉莹, 等. 基于标签-关键词的用户行为分析. 情报杂志, 2010, 29: 139-142.

[29] 李林红, 李荣荣. 新浪微博社会网络的自组织行为研究. 统计与信息论坛, 2013, 28: 88-94.

[30] 刘凤光. 网络博客、微博的信息组织方式和信息质量分析原则. 价值工程, 2013, 24: 185-186.

[31] 朱爱菊. 从对人的关注和浏览中获取信息——新浪微博中的信息组织与信息获取机制分析. 情报杂志, 2011, 5: 161-164.

[32] 胡媛. 微博客中基于时序的非正式信息流机制研究——以 Sina 微博为例. 图书情报知识, 2011, 4: 111-117.

[33] 夏雨禾. 微博互动的结构与机制——基于对新浪微博的实证研究. 新闻传播与研究, 2010, 4: 60-69.

[34] 廖福生, 江昀. 微博客的信息传播模式及其发展分析. 宁波广播电视大学学报, 2010, 8: 4-6.

[35] 平亮, 宗利永. 基于社会网络中心性分析的微博信息传播的研究——以 Sina 微博为例. 图书情报知识, 2010, 6: 92-97.

[36] 于洪, 杨显. 基于统计分析的微博信息传播规律研究. 数字通信, 2013, 40: 6-10.

[37] 董海军, 曾淑萍. 从博客到微博: 过程特征、意义建构与挑战. 中国青年研究, 2011, 9: 89-92.

[38] 田占伟, 隋玚. 基于复杂网络理论的微博信息传播实证分析. 图书情报工作, 2012, 56: 42-46.

[39] 吴凯, 季新生, 刘彩霞. 基于行为预测的微博网络信息传播建模. 计算机应用研究, 2013, 30: 1809-1812.

[40] 田占伟, 刘臣, 王磊, 等. 基于模糊 PA 算法的微博信息传播分享预测研究. 计算机应用研究, 2013, 31: 51-54.

[41] 邢立双. 突发事件中微博信息的传播与管理. 网络传播, 2012, 25: 28-31.

[42] 樊鹏翼, 王晖, 姜志宏. 微博网络测量研究. 计算机研究与发展, 2012, 49: 691-699.

[43] 袁毅. 微博客信息传播结构、路径及其影响因素分析. 图书情报工作, 2011, 55: 26-30.

[44] 方杲, 刘力贺. 论哲学生活方式对微博信息传播的启示. 图书馆学研究, 2012, 23: 83-86.

[45] 刘燕锦. 社交网站和微博的信息传播比较——以社会网络分析结果为依据. 东南传播, 2012, 9: 65-68.

[46] 刘继, 李磊. 基于微博用户转发行为的舆情信息传播模式分析. 情报杂志, 2013, 32: 74-77.

[47] 黄淑敏. 网络社区公共危机事件信息传播模式实证分析. 北京邮电大学学报(社会科学版), 2011, 13: 40-45.

[48] 刘颖, 李欲晓. 网络舆情传播特征分析. 北京邮电大学学报(社会科学版), 2011, 13: 1-6.

[49] 陈波, 于泠, 刘君亭, 等. 泛在媒体环境下的网络舆情传播控制模型. 系统工程理论与实践, 2011, 31: 2040-2050.

[50] 钱颖, 张楠, 赵来军, 等. 微博舆情传播规律研究. 情报学报, 2012, 31: 1299-1304.

[51] Lü L, Chen D, Zhou T. Small world yields the most effective information spreading. New Journal of Physics, 2011, 12: 825-834.

[52] 唐晓波, 宋承伟. 基于复杂网络的微博舆情分析. 情报学报, 2012, 31: 1153-1163.

[53] 郭海霞. 新型社交网络信息传播特点和模型分析. 现代情报, 2012, 32: 56-59.

[54] 郑蕾, 李生红. 基于微博网络的信息传播模型. 通信技术, 2012, 45: 39-41.

[55] 康伟. 基于 SNA 的突发事件网络舆情关键节点识别——以"7.23"动车事故为例. 公共管理学报, 2012, 9: 102-128.

[56] 张赛, 徐恪, 李海涛. 微博类社交网络中信息传播的测量与分析. 西安交通大学学报, 2013, 47: 124-130.

[57] 郭浩, 陆余良, 王宇, 等. 基于信息传播的微博用户影响力度量. 山东大学学报(理学版), 2012, 47: 78-83.

[58] 张旸, 路荣, 杨青. 微博客中转发行为的预测研究. 中文信息学报, 2012, 26: 109-114.

[59] Westman S, Freund L. Information interaction in 140 characters or less: Genres on Twitter. ACM, 2010, 10: 222-225.

[60] Narayanam R, Narahari Y. A shapley value-based approach to discover influential nodes in social networks. IEEE Transactions on Automation Science & Engineering, 2011, 8: 130-147.

[61] Lahiri M, Cebrian M. The genetic algorithm as a general diffusion model for social networks//

Proceedings of the Twenty-Fourth AAAI Conference on Artificial Intelligence, Atlanta, 2010, 7(1): 494-499.

[62] Efron M. Information search and retrieval in microblogs. Journal of the Association for Information Science and Technology, 2011, 62: 996-1008.

[63] Suh B, Hong L, Pirolli P, et al. Want to be retweeted? Large scale analytics on factors impacting retweet in Twitter network// Proceedings of the Second IEEE International Conference on Social Computing, Washington, 2010, 10: 177-184.

[64] Yu L, Asur S, Huberman B. What trends in Chinese social media. Social Science Electronic Publishing, 2011, 8: 155-158.

[65] 王广新. 基于微博的用户兴趣分析与个性化信息推荐. 上海: 上海交通大学, 2013.

[66] 张国安, 钟绍辉. 基于微博用户评论和用户转发的数据挖掘. 电脑知识与技术, 2012, 8: 6455-6456.

[67] Xu Z, Ru L, Xiang L, et al. Discovering user interest on Twitter with a modified author-topic model// Proceedings of the International Conference on Web Intelligence, Lyon, 2011, 10(1): 422-429.

[68] 赵岩露, 王晶, 沈奇威. 基于特征分析的微博用户兴趣发现算法. 电信工程技术与标准化, 2012, 25: 79-83.

[69] 张中峰, 李秋丹. 社交网站中潜在好友推荐模型研究. 情报学报, 2011, 30: 1319-1325.

[70] 胡文江, 胡大伟, 高永兵. 基于关联规则与标签的好友推荐算法. 计算机工程与科学, 2013, 35: 109-113.

[71] 涂存超, 刘知远, 孙茂松. 社会媒体用户标签的分析与推荐. 图书情报工作, 2013, 57: 24-35.

[72] 覃梦河, 晋佑顺. 基于微博显性结构特征的用户强关系研究. 图书馆学研究, 2013, 3: 58-63.

[73] 徐志明, 李栋, 刘挺, 等. 微博用户的相似性度量及其应用. 计算机学报, 2014, 37: 207-218.

[74] Naruchitparames J, Gunes M, Louis S. Friend recommendations in social networks using genetic algorithms and network topology// Evolutionary Computation, New Orleans, 2011, 12: 255-259.

[75] Chechev M, Georgiev P. A multi-view content-based user recommendation scheme for following users in twitter// Proceedings of the International Conference on Social Informatics, 2012: 434-447.

[76] Hannon J, McCarthy K, Smyth B. Content vs.tags for friend recommendation// Research and Development in Intelligent Systems XXIX. London: Springer, 2012, 12: 289-302.

[77] Krestel R, Fankhauser P. Personalized topic-based tag recommendation. Neurocomputing, 2012, 76: 61-70.

[78] Zhang Z K, Zhou T, Zhang Y C. Tag-Aware recommender systems: A state-of-the-art survey. Journal of Computer Science and Technology, 2011, 26: 767-777.

[79] Hannon J, Bennett M, Smyth B. Recommending twitter users to follow using content and

collaborative filtering approaches// Proceedings of the ACM Conference on Recommender Systems, Barcelona, 2010, 9: 199-206.

[80] 杨尊琦, 张倩楠. 基于 k-means 算法的微博用户推荐功能研究. 情报杂志, 2013, 32: 142-144.

[81] 肖晶. 基于 WAF 的社区发现及用户推荐. 北京: 北京邮电大学, 2012.

[82] 谢达. 基于投票的微博用户影响力量化算法 WeiRank 的设计与实现. 武汉: 华中科技大学, 2013.

[83] Blei D. Probabilistic topic models. Communications of the ACM, 2012, 55: 77-84.

[84] Tang X, Yang C C. TUT: A statistical model for detecting trends, topics and user interests in social media// Proceedings of the ACM International Conference on Information and Knowledge Management, Maui, 2012: 972-981.

[85] Hong L, Davison B. Empirical study of topic modeling in Twitter// Proceedings of the SIGKDD Workshop on Social Media Analytics, Washington, 2010, 7: 80-88.

[86] Zhao W, Jiang J, Weng J, et al. Comparing Twitter and traditional media using topic models// Proceedings of the Advances in Information Retrieval European Conference on IR Research, Dublin, 2011: 165-171.

[87] 唐晓波, 祝黎, 谢力. 基于主题的微博二级好友推荐模型研究. 图书情报工作, 2014, 58: 105-113.

[88] 徐彬, 杨丹, 张昱, 等. 面向微博用户标签推荐的关系约束主题模型. 计算机科学与探索, 2014, 8: 288-295.

[89] 邸亮, 杜永萍. LDA 模型在微博用户推荐中的应用. 计算机工程, 2014, 40: 1-11.

[90] 张晨逸, 孙建伶, 丁轶群. 基于 MB-LDA 模型的微博主题挖掘. 计算机研究与发展, 2011, 48: 1795-1802.

[91] 张培晶, 宋蕾. 基于 LDA 的微博文本主题建模方法研究述评. 图书情报工作, 2012, 56: 120-126.

[92] 唐晓波, 向坤. 基于 LDA 模型和微博热度的热点挖掘. 图书情报工作, 2014, 58: 58-63.

[93] 唐晓波, 王洪艳. 基于潜在语义分析的微博主题挖掘模型研究. 图书情报工作, 2012, 56: 114-119.

[94] 余传明, 张小青, 陈雷. 基于 LDA 模型的评论热点挖掘:原理与实现. 情报理论与实践, 2010, 33: 103-106.

[95] 牟冬梅, 范轶. 数字图书馆领域本体的构建与推理——以医学领域本体为例. 图书情报工作, 2007, 51: 26-30.

[96] 邵明前, 肖基毅, 陈增科. 网格数据挖掘本体的建模. 电脑知识与技术, 2009, 5: 1552-1554.

[97] 黄玲玲. 基于领域本体的答疑网格系统研究. 衡阳: 南华大学, 2008.

[98] 杜小勇, 李曼, 王珊. 本体学习研究综述. 软件学报, 2006, 17: 1837-1847.

[99] 曾新红. 中文叙词表本体——叙词表与本体的融合. 现代图书情报技术, 2009, 1: 34-43.

[100] 毛郁欣, 陈华钧, 姜晓红. 基于子本体的领域知识资源管理. 计算机集成制造系统, 2008, 14: 1434-1440.

[101] 黄美丽, 刘宗田. 基于形式概念分析的领域本体构建方法研究. 计算机科学, 2006, 33: 210-212.

[102] 唐晓波, 韦贞, 徐蕾. 基于本体的信息系统建模方法. 情报科学, 2008, 26: 391-395.

[103] 李永超, 罗钧旻. 语义 Web 中的本体推理研究. 计算机技术与发展, 2007, 17: 101-103.

[104] 高琦, 陈华钧. 互联网 Ontology 语言和推理的比较和分析. 计算机应用与软件, 2004, 21: 73-76.

[105] 张有志, 王军. 基于 Folksonomy 的本体构建探索. 图书情报工作, 2008, 12: 122-125.

[106] 王翠英. 本体与 Folksonomy 的比较研究. 图书馆建设, 2008, 5: 85-88.

[107] 岳爱华, 孙艳妹. Taxonomy、Folksonomy 和 Ontology 的分类理论及相互关系. 图书馆杂志, 2008, 11: 21-24.

[108] 熊回香, 廖作芳. 本体在 Folksonomy 中的应用研究. 情报科学, 2010, 2: 274-278.

[109] 毛军. 元数据、自由分类法(Folksonomy)和大众的因特网. 现代图书情报技术, 2006, 1: 1-4.

[110] 周荣庭, 郑彬. 分众分类:网络时代的新型信息分类法. 现代图书情报技术, 2006, 1:72-75.

[111] 吴芬. 国外标签本体研究进展. 现代情报, 2009, 29: 16-20.

[112] 唐晓波, 全莉莉. 基于分众分类的本体构建分析. 情报理论与实践, 2008, 31: 133-138.

[113] Yang C, Ng T. Analyzing and visualizing Web opinion development and social interactions with density-based clustering. IEEE Transactions on Systems, Man and Cybernetics, Part A: Systems and Humans, 2011, 41: 1144-1155.

[114] Xu W, Feng S, Wang L, et al. Detecting hot topics in Chinese microblog streams based on frequent patterns mining// Proceedings of the International Conference on Web Information Systems and Mining, Chengdu, 2012: 637-644.

[115] 曹泽文, 钱杰, 张维明, 等. 基于 FCA 的概念相似度计算方法. 模糊系统与数学, 2008, 22: 155-162.

[116] 贺芳. 社会分类法(Folksonomy)研究综述. 网络财富, 2009, 12: 210-212.

[117] 陈世银. 网络信息资源共享模式探析. 情报探索, 2007, 3: 127-128.

[118] 郝志刚. 社会书签——一种网络信息资源共享的新模式. 新世纪图书馆, 2007,1: 36-37.

[119] 王夏洁, 刘红丽. 基于社会网络理论的知识链分析. 情报杂志, 2007, 26: 18-21.

[120] 李士洋. 社会网络理论、技术发展与组织研究. 江苏商论, 2009, 35: 287.

[121] 邱均平, 于长福, 马瑞敏. 图林博客的社会网络分析. 图书情报工作, 2008, 11: 6-9.

[122] 姜胜洪. 试论网上舆情的传播途径、特点及其现状. 社科纵横, 2008, 23: 130-131.

[123] 李廷全, 丁晨路, 周超. 基于 UML 的医院信息系统建模. 电脑知识与技术, 2010, 1: 121-123.

[124] 徐宝祥, 张云中. 信息系统建模理论发展研究. 情报杂志, 2010, 29: 70-74.

[125] 魏兵役. 信息系统建模方法的研究和应用. 信息与电脑(理论版), 2010, 3: 184-185.

[126] Noy N, Musen M. Promptdiff: A fixed-point algorithm for comparing ontology versions// Proceedings of the Eighteenth National Conference on Artificial Intelligence, Edmonton, 2002:

744-750.

[127] 胡磊. 我国互联网信息服务自律存在的问题及对策研究. 情报杂志, 2010, 29: 153-155.

[128] 孙庆川, 山石, 兰田田. 一个新的信息传播模型及其模拟. 图书情报工作, 2010, 54: 52-56.

[129] 王萍. 社会化网络的信息扩散研究. 情报杂志, 2009, 28: 39-42.

[130] 刘常昱, 胡晓峰, 司光亚, 等. 基于小世界网络的舆论传播模型研究. 系统仿真学报, 2006, 18: 3608-3610.

[131] 程霞. 基于小世界网络的电子商务信息传递优化研究. 图书情报工作, 2010, 54: 140-143.

[132] 贺筱媛, 胡晓峰, 罗批. 基于 Agent 和 CPN 的 Web 信息传播系统建模研究. 系统仿真学报, 2010, 22: 715-719.

[133] 贺筱媛, 胡晓峰. 网络信息传播动力学建模研究. 系统仿真学报, 2010, 11: 2511-2514.